海南省马克思主义理论研究和建设工程专项课题

国际经贸规则对接研究

王方宏　等著

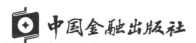
中国金融出版社

责任编辑：黄海清　白子彤
责任校对：刘　明
责任印制：陈晓川

图书在版编目（CIP）数据

国际经贸规则对接研究／王方宏等著 . -- 北京 ：中国金融出版社，
2024. 12. -- ISBN 978-7-5220-1888-1

Ⅰ. F746

中国国家版本馆 CIP 数据核字第 2024RB5314 号

国际经贸规则对接研究

GUOJI JINGMAO GUIZE DUIJIE YANJIU

出版
发行　**中国金融出版社**

社址　北京市丰台区益泽路 2 号
市场开发部　（010）66024766，63805472，63439533（传真）
网上书店　www.cfph.cn
　　　　　　（010）66024766，63372837（传真）
读者服务部　（010）66070833，62568380
邮编　100071
经销　新华书店
印刷　涿州市殷润文化传播有限公司
尺寸　169 毫米×239 毫米
印张　11.75
字数　203 千
版次　2024 年 12 月第 1 版
印次　2024 年 12 月第 1 次印刷
定价　56.00 元
ISBN 978-7-5220-1888-1
如出现印装错误本社负责调换　联系电话（010）63263947

本书课题组

课题主持人：王方宏

课题组成员：王少辉　李　振　魏弋来　金楷承

序

　　中国银行海南金融研究院课题组撰写的《国际经贸规则对接研究》是一部探讨中国如何与国际高标准经贸规则接轨的学术专著，旨在为中国在高水平制度型开放中更好地对接国际经贸规则提供理论支持和实践指导。

　　本书的出版，恰逢其时。全球经贸格局和治理体系面临重大调整压力，海南自由贸易港正加紧准备 2025 年底前的封关运作、中国（上海）自由贸易试验区等开放高地正深化推进新形势下全面对接高标准经贸规则。当前，需要进一步加强对标先进与中国特色相结合、顶层设计与地方探索相结合，更加强调主动对接，探索形成"中国版"国际规则和国际标准；需要进一步加强系统集成，推动形成系统化经验，对高水平开放的重点领域、开放平台、开放载体和开放政策系统设计；需要进一步加强实践探索与理论创新结合，紧抓全球数字化、绿色化发展趋势，加强相关实践的理论提炼与规则设计，主动参与数字贸易、绿色经济、人工智能新兴领域规则制定。

　　2013 年上海成立第一个自贸试验区以来，国际经贸规则的研究成果不断涌现，而与其他研究相比，本书具有以下三个突出特色。

　　第一，对国际经贸规则的研究采用由上至下与由下至上相结合、由外至内与由内至外相结合的研究视角。现有大多数研究往往从国际规则出发探讨其在国内的对接与应用，从国家层面政策出发探讨地方落地。而本书的研究团队来自海南自由贸易港这个制度型开放的最前沿，在研究中强化了由下至上、由内至外的视角，这种研究路径契合了当前中国主动对接的战略需求，也体现了问题导向式研究的思路。

　　第二，以金融规则为出发点，系统地对高标准经贸规则体系进行研究。金融作为现代经济的核心，其开放程度直接关系到一国经济的活力与竞争力。本书深入分析了金融领域对标国际经贸规则、高水平开放面临的挑战与机遇，提出了具体的政策建议，如完善金融业外商投资准入负面清单、分类梳理金融服务的开放措施等。更为重要的是，本书体现了制度型开放发挥作用所需要的系统思路，不仅仅局限于金融领域本身，而是将金融开放置于更广阔的

1

制度型开放背景之下，探讨了金融与其他领域（如货物贸易、服务贸易、国际投资等）的互动关系。这种系统研究的方法论，有助于读者全面理解制度型开放的多维度影响，并为政策制定者提供了更为全面和深入的参考。

第三，本书的课题研究团队是海南自由贸易港建设的亲历者、建设者与观察者，本书在规则探讨背后，包含了大量来自实践的具体观察，如海南自由贸易港在金融服务开放、数字贸易发展等方面的实际进展，并融合了作者的理论思考。这种理论与实践相结合的研究方式，使得本书在阐述问题时更加生动具体，提出的政策建议也更加具有针对性和可操作性。通过本书，读者可以深入了解海南自由贸易港建设的实际情况，感受自由贸易港发展的脉搏，同时也能够从中汲取宝贵的经验和启示。

当然，本书的一些探讨还可以继续深化，海南自由贸易港等制度型开放高地的蓬勃发展和快速推进给我们提出诸多急需解决的问题，如制度型开放如何推进新质生产力发展？如何通过系统集成实现区域协同？如何体现更加注重改革实效的要求，推进企业层面的产业联动与制度创新？

过去两年，我在海南自由贸易港参与智库建设与研究过程中深刻意识到，在对接国际经贸规则、加快建设中国特色自由贸易港的研究中，需要把握理论逻辑、历史逻辑和实践逻辑，三者缺一不可。目前在国际经贸规则的研究中，理论研究者需要熟悉地方实践，参与实践工作者需要理论指引，而在此基础上，把握历史逻辑方能更清晰地提出"中国版"经贸规则。本书在这方面进行了积极的探索，祝贺课题研究成果的出版，并期待作者在这一领域的研究中不断取得丰硕成果。

中国社会科学院世界经济与政治研究所

国际贸易室主任、研究员

东艳

2024 年 12 月 6 日

高水平制度型开放要对接国际高标准经贸规则

——代前言

作为全球第二大经济体、第一大货物贸易国、第二大服务贸易国、第二大外商直接投资流入国和第三大对外投资直接流出国，中国已经深度融入全球经济。在百年未有之大变局加速演进的背景下，国际政治经济格局深度调整，全球经济治理体系深刻变革，中国开放的大门越开越大，已经从商品流动型开放发展到要素流动型开放，并进入制度型开放的新阶段。

党的二十大报告指出，"推进高水平对外开放"，"稳步扩大规则、规制、管理、标准等制度型开放"。党的二十届三中全会审议通过的《中共中央关于进一步全面深化改革、推进中国式现代化的决定》进一步指出："主动对接国际高标准经贸规则，在产权保护、产业补贴、环境标准、劳动保护、政府采购、电子商务、金融领域等实现规则、规制、管理、标准相通相容，打造透明稳定可预期的制度环境。"

国际经贸规则，主要指世界贸易组织（WTO）规则、自由贸易协定等国际经贸条约、协定等规则（韩立余，2019）。在打造市场化、法治化、国际化营商环境的目标下，对接国际高标准经贸规则已经成为中国完善高水平对外开放体制机制、扩大制度型开放的重要内容。

一方面，中国主动对标对接国际经贸规则，其中，自由贸易试验区和自由贸易港是前沿区域。2023年6月，国务院印发《关于在有条件的自由贸易试验区和自由贸易港试点对接国际高标准推进制度型开放的若干措施》，在上海、广东、天津、福建、北京5个自由贸易试验区和海南自由贸易港，试点开展包括货物贸易、服务贸易、数字贸易、人员进出、营商环境、风险防控6个方面的33条试点政策。2023年11月，国务院印发《全面对接国际高标准经贸规则推进中国（上海）自由贸易试验区高水平制度型开放总体方案》，从加快金融和电信等领域的服务贸易开放，提升货物贸易自由便利水平、率先实施高标准数字贸易规则、加强知识产权保护、改革政府采购、推进"边境后"管理制度改革、加强风险防控体系建设 7 个方面提出了 80 条政策措施。

另一方面，中国积极参与 WTO 多边贸易框架下的经贸谈判，截至 2024 年 9 月末，已经在双边和诸边层面与 29 个国家（地区）签署了 22 个自由贸易协定，包括签署覆盖全球人口最多、经济规模最大的《区域全面经济伙伴关系协定》（RCEP），并已经正式申请加入《全面与进步跨太平洋伙伴关系协定》（CPTPP）和《数字经济伙伴关系协定》（DEPA），努力扩大面向全球的高标准自由贸易区网络。

由于历史的原因，现有的国际经贸规则是在以美国为首的西方发达国家主导下建立的，其演变、发展也主要是在西方发达国家主导下进行的。但是，随着国际经济格局的调整，尤其是发展中国家的经济发展和经贸规模增长，国际经贸规则逐渐向体现发展中国家的利益诉求方面调整。在这个过程中，随着中国经济、贸易和投资规模的上升，中国对国际经贸规则的影响力持续扩大，在部分领域的开放水平、所采取的管理措施已经达到较高标准，如货物贸易领域、电子商务领域等；在部分领域，中国虽然仍然处于跟随者的地位，如服务贸易领域、直接投资领域，但是影响力在不断扩大；在一些新兴领域，如数字贸易，则处于"规则竞争"的阶段，出现了以美国、欧盟、中国等为代表的几种立场差异很大的规则体系，虽然有一定的共识，但是分歧仍然巨大。

扩大制度型开放，对接国际高标准经贸规则，需要深入、具体地了解各个领域国际经贸规则的演变过程、最新进展、基本框架、共识内容、面临挑战，也需要了解我国在各个领域对接国际经贸规则、完善相关法律法规和管理制度的进展情况和现存问题，才能把握国际经贸规则的发展趋势，把握我国在不同领域国际经贸规则调整中的话语权和引领力，才能结合实际、问题导向提出针对性的政策建议，提供有价值的决策参考。

海南是目前唯一的中国特色自由贸易港，是习近平总书记亲自谋划、亲自部署、亲自推动的改革开放重大举措，被党中央、国务院赋予了"全面深化改革开放试验区"的战略定位。习近平总书记多次对海南自由贸易港建设作出重要指示，要求发挥海南自由贸易港全面深化改革和试验最高水平开放政策的优势，加快建设具有世界影响力的中国特色自由贸易港。

中国银行海南金融研究院作为首批"海南省重点新型培育智库"，在承担 2022 年度海南省马克思主义理论研究和建设专项课题"自由贸易港门户作用的制度分析"（课题项目号：2022HNMGC09）的研究过程中，以"对接国际高标准经贸规则"为主题，组织撰写了系列研究报告，从货物贸易、服务贸易、直接投资、数字贸易、金融服务等领域分析国际经贸规则演变过程、基本内容、发展趋势，以及我国目前对标对接的进展情况和面临挑战，并提出相应的政策建议，希望能够为深入了解国际经贸规则、研究制定相关政策提供参考。

本书在上述系列报告的基础上整理而成，从不同的领域对国际规则的演变历程、主要特点、基本共识、前沿议题、发展趋势、面临挑战，以及对具有代表性的自由贸易协定［《全面与进步跨太平洋伙伴关系协定》（CPTPP）、《区域全面经济伙伴关系协定》（RCEP）、《数字经济伙伴关系协定》（DEPA）等］的主要条款进行了比较分析，在此基础上，梳理我国的相关法律和制度安排、与国际规则的对接难点，并提出政策建议。本书的第一章到第四章分别对货物贸易、服务贸易、国际投资、数字贸易等领域进行分析，第五章到第七章则聚焦金融服务领域，对 RCEP 和 CPTPP 中的金融服务开放条款进行比较，分析我国金融服务负面清单开放的最新进展，并对作为开放前沿的海南自由贸易港如何对标 CPTPP 扩大金融开放提出政策建议。

本书由王方宏确定研究框架提纲并参与了所有章节的撰写，其余参与相关章节撰写的作者为李振（第一章、第六章）、金楷承（第二章）、魏弋来（第三章、第六章）、王少辉（第四章），最后由王方宏统筹修改定稿。

国际经贸规则既涉及宏观层面国际经济格局，又包括微观层面诸多具体的技术性条款，同时覆盖了货物贸易、服务贸易、直接投资、数字贸易、金融服务等多个跨度很大、性质不同的领域，并且正随着全球经济金融格局的发展处在持续演变当中，面临许多新情况、新问题、新挑战，需要持续做好紧密跟踪和深入研究。本书是对我国对接国际高标准经贸规则、推动高水平制度型开放进行探索的阶段性成果，仅是作者的学术研究观点，不代表课题委托单位和作者所在单位的意见。感谢中国社科院世界经济与政治研究所国际贸易室主任东艳研究员对本课题研究过程中给予的指导和为本书撰写的序。由于作者水平有限，书中的缺点和疏漏在所难免，敬请广大读者批评指正。

目　录

第一章　货物贸易国际规则的演变、挑战和应对建议 ················ 1

第一节　货物贸易国际规则的演变进程 ··············· 1

第二节　货物贸易国际规则的共识 ···················· 7

第三节　RCEP 和 CPTPP 货物贸易规则的比较 ········· 9

第四节　当前货物贸易国际规则演进的难点 ··········· 14

第五节　货物贸易国际规则面临的挑战 ··············· 19

第六节　我国的货物贸易管理制度 ···················· 21

第七节　我国对接货物贸易国际规则面临的挑战 ······· 25

第八节　我国对接货物贸易国际规则的政策建议 ······· 27

第二章　服务贸易国际规则比较及我国对接建议 ············· 31

第一节　服务贸易国际规则在重构中提升标准和拓展议题 ··· 31

第二节　服务贸易国际规则的基本共识 ··············· 37

第三节　GATS、RCEP 和 CPTPP 服务贸易规则的差异比较 ··· 39

第四节　RCEP 与 CPTPP 服务贸易承诺的国别差异 ··········· 43

第五节　我国服务贸易的政策制度和对外开放 ········· 46

第六节　对标国际规则还存在诸多挑战 ··············· 49

第七节　政策建议 ································· 52

第三章　国际投资规则比较和我国对接建议 ··············· 55

第一节　投资国际规则的演变历程 ···················· 55

第二节　国际投资规则的共识 ······················· 60

第三节　RCEP 与 CPTPP 中投资规则的差异 ··········· 63

第四节　我国外商投资管理体制现状 ················· 66

第五节　我国对标国际高标准投资规则存在的差距 ····· 72

第六节　我国对接国际高标准投资规则的建议 ……………… 76

第四章　数字贸易国际规则比较和中国对接建议
　　　　——基于 RCEP、CPTPP 和 DEPA 的分析 ………… 81
第一节　数字贸易国际规则正在竞争中逐步构建 …………… 81
第二节　RCEP、CPTPP、DEPA 数字贸易规则核心议题的比较 … 85
第三节　中国数字治理规则体系现状 ………………………… 89
第四节　中国与 CPTPP、DEPA 数字贸易规则的差异 ……… 92
第五节　数字贸易规则差异对中国的影响 …………………… 96
第六节　我国对接高标准数字贸易规则的建议 ……………… 98

第五章　RCEP 与 CPTPP 的金融服务开放比较研究 ……… 102
第一节　RCEP 与 CPTPP 金融服务条款的差异 …………… 103
第二节　金融服务开放承诺条款比较 ………………………… 113
第三节　政策建议 ……………………………………………… 119

第六章　我国金融服务开放负面清单的新进展
　　　　——基于中国—尼加拉瓜自贸协定的比较分析 ……… 123
第一节　关于我国金融服务开放负面清单的研究 …………… 123
第二节　我国金融服务开放承诺方式的演变 ………………… 127
第三节　我国金融服务开放需要尽快从正面清单转为负面清单 … 132
第四节　中尼金融服务负面清单与我国自主发布负面清单比较 … 134
第五节　中尼金融服务负面清单与国际高标准规则的比较 … 140
第六节　我国推进金融服务负面清单开放的挑战 …………… 146
第七节　我国金融服务负面清单开放的建议 ………………… 148

第七章　对标 CPTPP 推动海南自贸港金融服务开放 ……… 152
第一节　研究意义与文献综述 ………………………………… 152
第二节　CPTPP 中的金融开放规则 ………………………… 154
第三节　海南自贸港金融服务开放负面清单与 CPTPP 的比较 … 158
第四节　海南自贸港金融服务开放对标 CPTPP 所面临的挑战 … 162
第五节　海南自贸港金融服务开放的政策建议 ……………… 164

参考文献 ………………………………………………………… 168

第一章　货物贸易国际规则的演变、挑战和应对建议

货物贸易是全球经贸往来的基础。近年来，货物贸易国际规则面临两个方面的挑战：一方面，对于一些涉及部分国家核心利益的领域和数字贸易等新议题，相关谈判进展缓慢，难以达成共识，双边自由贸易协定和区域性自由贸易协定日益成为主流；另一方面，地缘政治冲突影响外溢日益强烈，主要经济体之间的贸易摩擦增多，美国等国家单边贸易保护措施升级，对货物贸易规则产生严重负面影响，为全球货物贸易发展带来了巨大的不确定性。

党的二十大报告指出，"推动货物贸易优化升级"。对此，需要发挥我国作为世界第一货物贸易大国的优势，对接高标准国际规则，增强我国在货物贸易国际规则演变中的话语权，以多边规则有效应对美国等国家的单边贸易保护主义。本书通过梳理货物贸易国际规则演变进程，总结当前世界各国在货物贸易国际规则领域所达成的共识、存在的难点问题以及面临的挑战，对比《区域全面经济伙伴关系协定》（RCEP）和《全面与进步跨太平洋伙伴关系协定》（CPTPP）在货物贸易领域的差异，分析我国货物贸易管理制度的现状以及对接货物贸易国际规则面临的挑战，为我国对接货物贸易国际规则和应对美国单边贸易保护措施提出政策建议。

第一节　货物贸易国际规则的演变进程

全球经济贸易模式不断演进，阻碍贸易自由流动的制度因素也在发生变化。国际经贸规则在全球货物贸易中具有重要作用，自 1947 年《关税与贸易总协定》（GATT）签订至今，国际经贸规则的范围不断扩大、标准不断提高。当代国际经贸规则主要指以世界贸易组织（WTO）规则为基础的经贸规则，包括自由贸易协定和关税同盟规则。伴随着国际经贸规则的不断演进，货物贸易国际规则也在变化中重构，大致可划分为以下四个阶段。

一、GATT 重点强调货物贸易的关税减让

20 世纪以来，生产力的极大提升以及国际产业分工的形成，促进了商品大规模生产，为国际货物贸易的快速发展奠定了基础。伴随着以货物贸易迅速扩张为主要特点的经济全球化不断发展，世界贸易保护主义盛行，各国为了保护本国产业，往往采取高关税的贸易政策，关税壁垒成为阻碍全球货物贸易发展的主要障碍，并且也是 20 世纪 20 年代末发生"大萧条"的重要影响因素。

GATT 奠定了国际经贸规则的制度性框架。1947 年，第二次世界大战结束后，在美国主导下，23 个国家签订了《关税与贸易总协定临时适用议定书》，GATT 以货物贸易规则为重点，其最大特点是以关税为核心，解决全球货物贸易高关税问题，确立了国民待遇原则和最惠国待遇原则，其中，最惠国待遇原则构成了国际经贸规则的基石，最终目的是实质性地降低关税与各种贸易壁垒。1947—1994 年，GATT 共经历 8 轮贸易谈判，在降低市场准入、规范和约束贸易行为等方面取得重大进展，国际贸易规则逐步确立（见表 1-1）。

表 1-1　GATT 历次谈判情况

轮次	时间	谈判地点	谈判议题	谈判成果
1	1947 年 4—10 月	瑞士日内瓦	关税减让	达成 123 项双边关税减让协议；达成 4.5 万项商品关税减让，使关税平均降低 35%
2	1949 年 4—10 月	法国安纳西	关税减让	达成 147 项双边协议；增加 5000 项商品的关税减让
3	1950 年 9 月—1951 年 4 月	英国托基	关税减让	达成 9000 项商品的关税减让，使关税平均降低 26%
4	1956 年 1—5 月	瑞士日内瓦	关税减让	达成 9000 项商品的关税减让，使关税平均降低 15%
5	1960 年 9 月—1961 年 7 月	瑞士日内瓦（狄龙回合）	关税减让	达成 4400 项商品的关税减让，使关税平均降低 20%
6	1964 年 5 月—1967 年 6 月	瑞士日内瓦（肯尼迪回合）	关税减让；首次涉及非关税壁垒问题	达成 6 万项商品的关税减让；经会组织成员间工业品关税平均降低 35%

续表

轮次	时间	谈判地点	谈判议题	谈判成果
7	1973 年 9 月—1979 年 4 月	瑞士日内瓦（东京回合）	关税减让；非关税壁垒	9 个发达国家工业制成品关税降至 6%；签署了一系列非关税措施协议，在达成的 11 项独立协议中有 9 项与非关税壁垒有关
8	1986 年 9 月—1994 年 4 月	瑞士日内瓦（乌拉圭回合）	关税减让；非关税措施；农产品；补贴与反补贴措施；争端解决；服务贸易、与贸易有关的投资措施等	发达国家平均税率由 6.4%降至 4%，近 20 个产品部门实行零关税；农产品非关税措施全部关税化；纺织品的歧视性关税配额在 10 年内取消；达成 45 项协议，包括《服务贸易总协定》（GATS）、《与贸易有关的知识产权协定》（TRIPs）等

资料来源：作者根据 WTO 官网整理。

虽然在 GATT 之后，也有一些政府间的贸易组织陆续成立，例如，1949年 1 月苏联和保加利亚、匈牙利、波兰、罗马尼亚、捷克斯洛伐克等国成立的经济互助委员会（CMEA），1963 年第 18 届联合国大会期间 75 个发展中国家发表联合宣言组成的"75 国集团"（后于 1964 年 6 月发展成为 77 国集团），1964 年 3 月在发展中国家要求下召开的第一届联合国贸易和发展会议（UNCTAD）（1964 年 12 月成为联合国常设机构），但这些组织在贸易规则制定方面的影响力均不及 GATT。

二、WTO 构建了比较完善的货物贸易多边规则体制

伴随着信息技术的快速发展和跨国公司的全球布局，国际贸易不再简单局限于货物贸易，服务贸易也开始迅速发展，世界各国融入全球价值链的程度不断加深，不仅对进一步降低关税提出了更高要求，而且还对非关税壁垒、"边境后"规则等提出新需求。但是，GATT 规则却存在条文漏洞较多、争端解决机制有待改善、GATT 成员数目激增使 GATT 难以堪当新的时代重任、全球性的新问题不断涌现需要新的贸易组织相伴而生、区域集团化的趋势和现象不断削弱 GATT 的调解作用等方面的不足，难以适应贸易形势发展对规则提出的新需求，亟待建立新的国际经贸规则。

1995 年 1 月 1 日，WTO 正式取代 GATT，成为新的全球多边贸易体系的

基础。目前，世界上 75%~80% 的贸易是在 WTO 商定的税率下进行的，98% 的贸易受到 WTO 规则的管辖，WTO 规则构成了全球贸易的基本法律框架。与 GATT 相比，WTO 在货物贸易领域具有以下特点：

一是议题范围更加广泛。WTO 规则是在 GATT 多边贸易规则体系基础上演变而来的，致力于通过多种方式遏制贸易保护主义，其规则内容不仅涉及以关税减让为特征的传统货物贸易领域，而且开始扩展至劳工使用、环境保护、贸易补贴、技术壁垒以及与贸易有关的投资等"边境后"措施。

二是进一步降低关税水平。在 WTO 规则体系下，货物贸易关税减让成效显著。例如，WTO 在 2015 年达成了 20 年来最大的关税减免协议《信息技术协定》，对价值 1.3 万亿美元的 201 项信息技术产品减免进口关税。WTO 统计数据显示，对全球所有商品而言，平均最惠国关税税率在 1995—2005 年降幅高达 32 个百分点，2006 年之后降速放缓，从 2006 年的 10.1% 下降到 2021 年的 8.9%；零关税商品占比呈稳定上升趋势，2006—2021 年，零关税农产品占比增加近 4 个百分点，零关税非农产品增速更快，增加超过 7 个百分点。

三是实施普遍优惠制。普遍优惠制（以下简称普惠制）是 WTO 对成员方中的发展中国家和最不发达国家采取的一种优惠措施，主要包括关税优惠、技术转让、技术援助和贸易便利化等。例如，发达国家需要向发展中国家和最不发达国家提供较低的进口关税，甚至是零关税；在市场准入方面可承诺较低水平的义务甚至减免某些义务；在某些政策的执行方面给予较长的过渡期。1968 年，美国接受了 UNCTAD 提出的普惠制条件，要求工业化国家在非互惠原则下单方面向发展中国家提供关税优惠，随后更多发达国家相继落实普惠制安排，标志着普惠制条款的确立。

三、区域性自由贸易协定成为货物贸易规则的主导

随着 WTO 谈判议题的不断扩展，一方面服务贸易、投资领域乃至"边境后"措施等新议题被越来越多地纳入，另一方面货物贸易议题逐渐涉及农业、渔业等基础产业。在多哈回合谈判中，各国出于自身利益以及国内政策的对接等方面原因，达成共识的难度越来越大。在此情况下，20 世纪 90 年代以来，越来越多的国家选择容易达成的双边自由贸易协定和区域性的诸边自由贸易协定（Regional Trade Agreement，RTA）①。RTA 签署数量迅速增长，成为 WTO 框架下国际经贸规则的发展趋势，1992 年达历史峰值 35 项。在 1948—

---

① 诸边协定指只有部分成员方参与的协定，多边协定则一般指全部成员方参与的协定。

1994 年的近 50 年间，世界各国向 WTO 累计通知的生效 RTA 数量为 43 个，但截至 2012 年，向 WTO 累计通知的生效 RTA 数量迅速增加至 367 个，其中，货物贸易领域 248 个。一些 RTA 条款的开放水平超出了 WTO 框架的内容，即所谓的 "WTO+" 条款，引领着规则的发展。

在这一阶段，货物贸易规则从以消除关税和非关税壁垒为主的边境措施，演变为以规制融合、消除边境内政策壁垒为主，具有以下特点。

一是货物贸易覆盖范围更广。 与 WTO 等传统国际经贸协定相比，RTA 在货物贸易领域涵盖内容更加广泛，不仅包括关税、原产地规则、贸易便利化等与贸易直接相关的措施，还包括劳工、环境、透明度、竞争政策等与贸易间接相关或相关性不大的措施，这种发展趋势的最直接原因就是以国家利益为主的 "边境后" 措施逐步取代边境措施①，越来越成为国际经贸协定谈判的重点。为了保障这些 "边境后" 措施的可执行性，许多协定规定了必要的法律保障和争端解决机制。

二是货物贸易规则体系的碎片化和规则重叠并存。 一方面，RTA 冲击多边贸易体制导致贸易规则的碎片化。在 RTA 中，一些发达国家将国家安全、环保等意识形态因素纳入货物贸易规则体系范畴，使贸易关系变得更加对立、贸易治理变得更加复杂，容易在贸易议题谈判上出现对立阵营，从而进一步加速 RTA 的形成，致使全球货物贸易规则分化。另一方面，RTA 在形成过程中导致规则重叠。例如，新加坡、柬埔寨分别与中国签署了自贸协定，但在 RCEP 和中国—东盟自贸协定中，上述两个国家也均有参与，这就使得它们与中国进行贸易往来时有 3 个协定可供选择，且在这些自贸协定中有很多规则是重叠的，增加了规则选择和执行成本。

三是数字贸易②成为货物贸易发展新趋势。 随着信息技术的快速发展，利用数字化手段推动传统贸易和价值链贸易的新业态与新模式不断涌现，数字贸易在国际经贸中的地位越发重要，截至 2023 年上半年，超过 130 个双边或区域自贸协定包含数字经贸规则。数字技术对货物贸易便利化的促进作用已成为各方共识，如无纸化贸易、电子合同、电子签名、电子发票等数字技术的应用，极大地提升了货物贸易的便利化程度。

四、CPTPP 体现了国际经贸规则的高水平发展趋势

伴随着发展中国家经济实力的逐渐发展壮大，发达国家认为现有的国际

---

① 边境措施即 "边境前" 措施，下同。
② 此处所讲的 "数字贸易" 仅指传统贸易开展过程中运用数字化技术。

经贸规则体系让发展中国家获得较多的利益，然而却没有承担相应的责任和义务。同时，发展中国家在 WTO 框架下的影响力也日渐增加。在这种情况下，以美国为代表的西方发达国家为了维护自身利益，希望通过制定更高标准的自贸协定，削弱发展中国家的比较优势，重新确立发达国家的主导地位。美国作为高标准国际经贸规则的引领者，在其推动下，2013 年 6 月美国和欧盟启动了《跨大西洋贸易与投资伙伴关系协定》（TTIP）谈判，2016 年 2 月美国、日本等 12 个国家达成了《跨太平洋伙伴关系协定》（TPP），2018 年 11 月美国、墨西哥、加拿大达成了"美国—墨西哥—加拿大协定"（以下简称美墨加协定，USMCA）。2017 年 1 月美国特朗普政府退出 TPP 之后，日本等 11 个国家对 TPP 作了少量的修改后于 2017 年 11 月签署了 CPTPP。这些高标准自贸协定在货物贸易规则方面具有以下特点：

一是规则内容标准更高。货物贸易规则以"三零"① 原则为基础，实现贸易自由化的目标，当前，"三零"原则正成为 RTA 谈判的前沿议题。例如，USMCA 规定美、墨、加三国之间农产品、汽车配件零关税，不实施出口补贴或 WTO 特殊农业保障措施等政策。就具体规则内容而言，不仅在市场准入、原产地规则、关税等传统议题领域制定了更高的要求（如 CPTPP 要求对包括农产品和工业品在内的 99% 以上的货物实施零关税），而且还将规则内容拓展至新议题（如电子商务、劳工和环保等方面），更加注重"边境后"规则的引入，涉及更多的一国国内规章制度，强调国内规章制度与国际规则的一致性。

二是更加强调公平竞争。对等开放是高标准国际经贸协定所遵循的重要原则。竞争中立原则已成为 CPTPP、USMCA 等高标准国际经贸规则中的重要章节，据统计，全球已有 40 多个国家适用竞争中立原则，其 GDP 占比达到全球经济总量的 60% 以上。例如，CPTPP 提倡"公平竞争"的价值理念，要求所有缔约方坚持对等和无差别待遇准则，首次将国有企业单独成章并进行了严格约束。USMCA 则通过设置竞争中立原则来规范国有企业的行为，使跨国企业在东道国享受同等待遇。此外，在市场准入方面，USMCA 削减对发展中国家的特殊优惠待遇。例如，USMCA 规定必须由相同劳工标准生产出来的汽车才可以享受零关税政策。

三是高标准的非关税壁垒要求。在贸易便利化方面，USMCA 作了重大补充和改进，包括海关管理的全流程覆盖、更加完善的程序性规则等。在卫生

---

① "三零"指零关税、零壁垒、零补贴。

和植物卫生措施（SPS）方面，高水平自贸协定对动植物检验检疫标准提出了高要求，如农残、药残、添加剂等方面的规定都非常严格。在技术性贸易壁垒（TBT）方面，CPTPP不仅要求缔约方互认合格评定结果，而且还对化妆品、医疗器械、有机农产品等特定产品制定专门的标准以推动区域内规则的一致性。

第二节　货物贸易国际规则的共识

经过第二次世界大战后近80年从GATT、WTO到RTA、CPTPP等协定的演变，货物贸易领域的国民待遇、"三零"原则、通关便利化等逐渐成为共识并被普遍接受，在自贸协定等各类经贸协定中被广泛采用，为全球货物贸易发展提供了制度基础。

一、国民待遇和最惠国待遇

国民待遇和最惠国待遇是全球多边贸易机制的重要基石。伴随着全球货物贸易的不断发展，越来越多的国家认为，在货物贸易国际往来中要实现互惠互利的目标，需要取消贸易中的歧视待遇。在这种呼声的推动下，世界各国在贸易规则谈判过程中逐渐形成了给予货物贸易国民待遇和最惠国待遇的共识。例如，作为奠定国际经贸规则制度性框架的GATT，其特点之一便是给予缔约方普遍的、无条件的最惠国待遇。

二、"零关税、零补贴、零壁垒"原则

"三零"原则已经成为国际经贸规则的一个重要内容。由于各国发展水平、经济规模、产业结构的不同，各国都有自己的核心利益需要保护，不可能完全做到"三零"。此处的"零"并不是说要取消货物跨境流动中所有的关税、补贴和非关税壁垒，而是将之作为目标，逐步推动尽可能地降低这些关税、补贴和壁垒，尤其是过高的关税、扭曲市场价格的补贴和不合理的非关税壁垒。

所有的自贸协定都涉及降低关税水平的内容，例如：RCEP提出最终实现区域内90%以上的货物贸易零关税；CPTPP承诺总体上要对99%（日本承诺95%）的货物贸易实施零关税；美国和欧盟谈判中的TTIP，更是提出双方之间进出口产品实施零关税（农产品和汽车产品除外）；加拿大与欧盟签署的《综合经济与贸易协定》（CETA），也准备消除加拿大和欧盟之间98%的关

税；在欧盟与日本签署的《经济伙伴关系协定》（EPA）中，欧盟将取消99%的针对日本商品的关税，日本也将取消94%的针对欧盟商品的关税。

补贴是一国政府推行经济政策的重要工具，世界上多数国家都对国内产业实施或多或少的补贴。为了维持正常的贸易秩序，避免不合理的补贴产生的争议和对抗，逐渐形成了补贴和反补贴的规则，例如，GATT 条款的第 6 条、第 16 条对出口补贴和反补贴税作出了规定；1979 年东京回合达成了《补贴与反补贴措施守则》，对 GATT 补贴和反补贴条款进一步明确细化；1994 年乌拉圭回合达成了《补贴与反补贴措施协议》，是对 WTO 所有成员具有普遍强制约束力的补贴和反补贴多边国际经贸规则；2022 年 11 月 28 日，欧盟理事会通过了《关于扭曲欧盟内部市场的外国补贴条例》，旨在制止第三国可能构成市场扭曲的任何补贴行为。

约束和规范非关税壁垒的使用是贸易规则的重要内容，例如，GATT 条款提到货物贸易中不得设置关税或非关税壁垒；RTA 以及 CPTPP 等高标准国际经贸规则中也均对技术性贸易壁垒、配额管理、进出口许可证管理等非关税壁垒的主要表现形式进行了规定。

三、基于原产地规则的货物贸易优惠

原产地规则是货物贸易国际规则的核心内容，它直接决定了货物的"经济国籍"，是判断某种货物能否享受关税优惠的重要准则。早在 1947 年，GATT 就对"原产地标记"作出了规定；1973 年制定的《京都公约》对原产地规则进行了规定，但只有 40 多个国家加入公约且没有形成统一的原产地规则；直至 1986 年开始的乌拉圭回合多边贸易谈判才将原产地规则列为重要议题，并于 1993 年通过了《原产地规则协议》，该协议是 GATT 多边贸易体制内第一个关于原产地规则的国际协议。

在认定标准上，早期的 RTA 大多以区域价值成分为主，而最新的 RTA 则以税则归类改变为主，而且区域价值成分标准呈多种标准综合适用的特点。例如，在 CPTPP 中，几乎所有产品均适用税则归类改变标准，仅某些特定产品适用区域价值成分和生产工序标准，其中，区域价值成分的计算方法又包括增值法、扣减法、价格法以及净成本法，基本涵盖了亚太地区已有的区域价值计算标准。但是，高标准的原产地规则具有更强的排他性，在一定程度上构成贸易保护并逐渐发展成为一种非关税壁垒。例如，CPTPP 针对纺织服装产品设定了"从纱开始"的原产地标准，要求非原产纤维和纱线重量不能超过使用该原料部件重量的 10%，而非一般贸易协定规定的货物总重量的

10%，更高标准的原产地规则将促使缔约方更多使用区域内的材料和货物。

四、提升通关便利水平

货物通关便利是国际贸易中一个恒久常新的话题，主要体现在通过多种便利化举措缩短通关时间、提高通关效率。例如，WTO 成立以来的首个货物贸易多边协定——《货物贸易便利化协定》（TFA），对简化海关和口岸通关程序等促进贸易便利化的措施作出了全面规定；RCEP 中提出了执法一致性、预裁定、信息透明度、具体的海关通关时间以及海关合作等举措，便利货物快速通关。

在通关便利化方面，"经认证的经营者"（Authorized Economic Operator，AEO）互认已成为国际海关合作的重要项目。AEO 是由海关对守法程度、信用状况和安全水平较高的企业进行认证认可，并对通过认证的企业给予通关优惠便利的制度。世界海关组织（WCO）于 2005 年 6 月制定并通过《全球贸易安全与便利标准框架》，其核心内容便是 AEO 制度，旨在建立一套全球统一的、高效的、安全的海关监管体系，促进全球供应链安全和贸易便利化。日本于 2006 年、中国和欧盟于 2008 年、美国于 2022 年分别实施 AEO 制度，截至 2023 年 7 月，在 183 个 WCO 成员中，172 个签署了实施《全球贸易安全与便利标准框架》意向书，97 个经济体已实施 AEO 制度，签署了 83 个互认协议或安排，AEO 资质已成为全球货物贸易的一张"绿色通行证"。

五、给予发展中国家和最不发达国家特殊优惠

在全球国际经贸规则演变过程中，世界各国逐渐达成共识，给予发展中国家和最不发达国家特殊优惠。1947 年签署的 GATT 首次提出对发展中国家的差别优惠待遇，规定了"幼稚产业条款"以及放宽了发展中缔约方政府对经济发展的资助要求等优惠措施。1968 年第二届联合国贸易与发展会议上通过了建立普遍优惠制的决议，普惠制（Generalized System of Preference，GSP）是指工业发达国家对发展中国家或地区出口的制成品和半制成品给予普遍的、非歧视的、非互惠的关税制度。1979 年的东京回合谈判达成了《对发展中国家差别和更优惠待遇、互惠和更全面参与的决定》，为特殊和差别待遇措施的实施提供了法律依据。

第三节　RCEP 和 CPTPP 货物贸易规则的比较

RCEP 是当前我国已签署的最高水平的自贸协定，CPTPP 是当前最高标

准自贸协定，同时两者都是缔约方多、影响力大的跨区域自贸协定，比较分析两者在货物贸易领域的差异，可以为我国对标国际高标准经贸规则提供借鉴。

RCEP 和 CPTPP 中货物贸易框架基本一致，都包含了当前货物贸易国际规则所达成的共识，如货物贸易的国民待遇和最惠国待遇、"三零"原则、原产地规则、海关程序和贸易便利化等内容，但从具体规定措施看，RCEP 侧重于传统货物贸易，CPTPP 更注重货物贸易国际规则与国内监管政策的一致性，整体上讲，CPTPP 货物贸易规则标准水平更高。其差异主要体现在以下方面。

一、关税减让的差异

RCEP 与 CPTPP 均致力于大幅度削减关税（见表 1-2），但 CPTPP 的关税减让更全面、彻底，代表了未来全球贸易规则的发展方向，两者的差异主要体现在以下两个方面。

一是关税减让模式不同。RCEP 采用两种关税减让模式，其一是对不同缔约方制定不同的关税承诺表[①]，其二是对缔约方制定统一的关税承诺表。CPTPP 仅采用一种关税减让模式，即缔约方制定统一的关税承诺表，仅个别国家有特殊安排，如加拿大、日本、马来西亚、墨西哥和越南 5 个国家为了对部分商品进行保护，规定了关税配额。

二是关税减让水平不同。在关税减让的承诺中，主要表现在关税税率和降税期限两方面。在 RCEP 中，区域内 90% 以上的货物贸易将最终实现零关税，主要是立刻降税到零（如新加坡在协定生效后立即取消全部关税）和 10 年内降税到零，大多数缔约方在 20 年内完成降税（印度尼西亚、越南的降税周期分别为 23 年和 25 年，中国和韩国之间的降税周期更是长达 35 年）。在 CPTPP 中，关税减让水平更高且过渡期短，11 个缔约方货物贸易最终零关税的比例接近 100%（日本为 95%），且立即零关税的比例在 85% 以上。

表 1-2　CPTPP 和 RCEP 部分缔约方关税减让水平比较

缔约方	CPTPP			RCEP		
	立即零关税产品占比（%）	最终零关税产品占比（%）	最长降税周期（年）	立即零关税产品占比（%）	最终零关税产品占比（%）	最长降税周期（年）
新加坡	100	100	0	100	100	0

---

① 采用此种关税减让模式的缔约方有中国、韩国、印度尼西亚、菲律宾、越南 5 个国家。

缔约方	CPTPP			RCEP		
	立即零关税产品占比（%）	最终零关税产品占比（%）	最长降税周期（年）	立即零关税产品占比（%）	最终零关税产品占比（%）	最长降税周期（年）
新西兰	95	100	7	65.4	91.8	20
澳大利亚	93	100	4	75.3	98.3	20
文莱	92	100	11	74.9	98.2	25
日本	86	97	21	57	86.6	21
马来西亚	85	100	16	74.9	90.2	23
越南	65	98	21	74.9	87.8	25

资料来源：作者根据 CPTPP、RCEP 协定文本整理。

注：在 RCEP 立即零关税产品占比中，除新加坡外，其余国家的数据为对中国立即零关税产品占比。

二、原产地规则的差异

RCEP 和 CPTPP 原产地规则的框架和原则大体一致，在原产货物认定、原产地证明类型等方面基本相同，但是与 RCEP 相比，CPTPP 原产地规则标准更严格、限制性更强，其主要差异表现在以下三个方面。

一是区域价值成分标准不同。 区域价值成分标准是判定货物是否为原产货物的重要方法。RCEP 中区域价值成分统一规定为不少于40%，有两种计算方法，相对比较简单；而 CPTPP 中区域价值成分标准比较灵活，没有规定固定值，因产品和计算方法不同而各有差异①，并且有 4 种计算方法（见表1-3）。

表1-3 RCEP 和 CPTPP 区域价值成分计算方法比较

协定	计算方法	RVC 计算公式
RCEP	间接/扣减法	$RVC = \dfrac{离岸货物价格 - 非原产材料价格}{离岸货物价格} \times 100\%$
	直接/累加法	$RVC = \dfrac{原产材料价格 + 直接人工成本 + 直接经营 + 利润 + 其他成本}{离岸货物价格} \times 100\%$

---

① 以 HS 编码为 7117.11 的货物为例，税则不改变时，其区域价值成分，按增值法计算应不低于35%；按扣减法计算应不低于45%。对非原材料而言，按价格法计算时区域价值成分应不低于50%。此外，HS 编码为 1515.90 的货物，其区域价值成分应不低于40%，而 HS 编码为 1602.32 的货物，其区域价值成分应不低于45%。

续表

协定	计算方法	RVC 计算公式
CPTPP	价格法: 限定特定非原产材料价格	$RVC = \dfrac{货物价格-特定非原产材料价格}{货物价格} \times 100\%$
	扣减法: 根据非原产材料价格	$RVC = \dfrac{货物价格-非原产材料价格}{货物价格} \times 100\%$
	增值法: 根据原产材料价格	$RVC = \dfrac{原产材料价格}{货物价格} \times 100\%$
	净成本法: (仅限于汽车产品)	$RVC = \dfrac{净成本-非原产材料价格}{净成本} \times 100\%$

资料来源:根据 RCEP 和 CPTPP 协定文本整理。

二是原产地累积规则不同。RCEP 目前采用的是区域部分累积规则,在协定对所有缔约方生效后 5 年内完成区域完全累积规则审议;而 CPTPP 已采用区域完全累积规则。

三是直接运输规则不同。RCEP 和 CPTPP 均允许货物转运,但规定了严格的限制条件,例如转运货物必须在当地海关的监管之下;除卸载、重装、储存以及为保持货物良好状态或将货物运输至进口方的必要操作等物流活动外,不得进行其他任何操作。RCEP 所规定的例外情况少于 CPTPP,更加严格。

三、海关通关的差异

RCEP 和 CPTPP 均致力于缩短货物通关时间、提升海关运行数字化水平、增强信息公布的透明度以及加强海关合作,最终达到便利货物贸易的目的。但在具体规定上还存在差异,主要包括以下三个方面:

一是 RCEP 货物放行所需时间更短。对于普通货物,两者均要求在货物抵达后和提交所有海关通关需要信息后 48 小时内放行,快运货物尽可能在 6 小时内放行。RCEP 规定,易腐货物在尽可能短的时间内放行,如有可能尽量在 6 小时内,也对 AEO 提供了额外的便利化措施,而 CPTPP 未提及上述两个方面。

　　二是 CPTPP 中海关运行信息技术要求更广。两者均强调借助信息技术更好地服务海关运行，如海关电子系统、风险管理的电子或自动化系统、电子文件与纸质文件具有同等法律效力等，但 CPTPP 的范围更广泛，要求参照 WCO 标准数据模型，实行进出口数据共同标准和数据项，便利政府间电子数据共享。

　　三是 RCEP 中信息透明度要求更详细。RCEP 要求缔约方以非歧视和易获得的方式公布进出口和过境程序以及所需表格和文件等 10 项内容①，提高了政策的确定性和信息透明度；而 CPTPP 仅要求公布海关法律法规和一般行政程序，未详细列出具体需要公布的信息。

四、电子商务的差异

　　RCEP 和 CPTPP 中电子商务章节均包含无纸化贸易、电子认证和电子签名、在线消费者保护、个人信息保护等内容，但 CPTPP 具有"美式模板"的高标准特点，是迄今为止在电子商务方面规定最全的自贸协定，两者主要差异体现在以下两个方面。

　　一是 CPTPP 在促进电子商务贸易便利化方面标准更高。在电子认证和电子签名、无纸化贸易、国内电子交易框架等方面，两者的规定措施非常接近。但在电子传输免征关税方面，RCEP 规定不对电子传输征收关税，但保留了未来调整关税的权利，属于"暂时性"免关税；而 CPTPP 明确不得对以电子方式传输的内容征收关税，属于"永久性"免关税，约束力更强。此外，CPT-PP 中增加了"数字产品的非歧视待遇"条款，要求缔约方在计算机程序、文本、视频、图像、声音记录等数字产品领域给予另一缔约方同等国民待遇，但政府给予数字产品和服务的补贴以及广播除外。

　　二是 CPTPP 在保护消费者权益方面要求更高。在在线消费者保护方面，两者均提出采取和维持透明有效的消费者保护措施、负责消费者权益保护的主管部门开展国际合作的重要性，但 RCEP 还明确规定了缔约方应当发布的其向电子商务用户提供消费者保护的相关信息。**在线上个人信息保护方面**，两者均规定了保护电子商务用户个人信息的必要性、在制定保护个人信息的法律框架时应考虑相关的国际规则、缔约方应当公布其向电子商务用户提供个人信息保护的相关信息等，但 CPTPP 还规定保护个人信息时鼓励建立不同

---

　　①　10 项具体内容可参考 RCEP 协定第四章"海关程序和贸易便利化"第五条"透明度"第一款。

体制间的兼容机制、采用非歧视的做法。

五、技术性贸易壁垒的差异

技术性贸易壁垒（Technical Barriers to Trade，TBT）是指国际贸易中商品进出口国通过颁布法律、法令、条例、规定，建立技术标准、认证制度、检验制度等方式，对外国进出口产品制定严格的技术标准、卫生检疫标准、商品包装和标签标准，从而提高进口产品的技术要求，最终达到限制进口的目的的一种非关税壁垒措施。RCEP 和 CPTPP 中的 TBT 条款主要涵盖协定实施目标和范围，国际标准、指南和建议，标准、技术法规和合格评定程序，以及合作、透明度、联络点、争端解决等，两者均以 WTO《技术性贸易壁垒协定》为基础，但 CPTPP 中 TBT 条款侧重于规则的一体化，实现高水平的贸易自由；而 RCEP 兼顾成员的不同发展水平，其 TBT 条款更具包容性和灵活性，侧重于通过成员之间的协商实现技术措施的协调。例如，在技术法规方面，CPTPP 鼓励优先使用国际标准来制定技术法规，不鼓励成员充分参与国际标准化机构相关产品国际标准的制定工作以及不希望给予成员轻易调整已实施技术法规的理由；而 RCEP 则不过分强调国际标准的优先适用，更鼓励成员积极参与国际标准的制定。

第四节　当前货物贸易国际规则演进的难点

随着各国开放程度的不断扩大，产业链的全球延伸，尤其是数字技术的普遍应用和水平提升，货物贸易也在发展中持续变化，规则也要与时俱进。但是，在货物贸易规则演变中，农业、渔业补贴等议题的谈判迟迟难以达成共识，同时新议题陆续出现并且重要性上升，如碳边境调节税问题。货物贸易规则需要直面问题并努力推动各方达成共识，形成新的规则条款，为货物贸易发展提供新支撑。

一、农业议题存在较大分歧

由于农业的特殊性、复杂性和敏感性，农产品贸易曾长时间未被纳入国际贸易协定议题范围，直到乌拉圭回合农业谈判达成《农业协定》。该协定在市场准入、国内支持和出口补贴的减让承诺等方面让发展中国家成员享受到"特殊与差别待遇"，但还存在明显的关税壁垒、扭曲性的国内支持未得到有效削减和出口补贴居高不下等问题。

由于农业在本国产业中具有重要性，以及很多发达国家给予本国农业产业高度保护和补贴、农业措施的透明度和可预测性比较低、农业补贴制度不平衡等问题，农业在 WTO 谈判中始终是焦点和难点。例如，在多哈回合谈判中，农业和非农产品市场准入被列为谈判的重点，主要包括削减农业补贴、削减农产品进口关税及降低工业品进口关税三个部分，最终因为美国在发展中成员农产品特殊保障机制上拒绝让步而使谈判陷入僵局。虽然 2004 年 8 月达成农业谈判《框架协议》、2005 年 12 月通过香港《部长宣言》、2013 年 12 月巴厘部长级会议取得早期收获成果、2015 年 12 月内罗毕部长级会议取得阶段性成果，但这些均为一般性成果，没有涉及实质性问题。当前，关税问题仍是 WTO 农业谈判的重点，主要包括关税高峰、关税升级、关税配额以及从量税和从价税等，其中，关税升级对农产品贸易的影响最大。

二、渔业补贴达成共识但还未生效

2001 年以来，制定渔业补贴规则一直是 WTO 规则谈判的主题之一。全球渔业补贴面临非常严峻的形势：一方面，各国政府每年支付数百亿美元补贴自己的捕捞船队；另一方面，渔业补贴谈判拖延越久，鱼类种群的损失就越大。根据联合国粮食及农业组织（FAO）的报告，由于过度捕捞，全球已经有 35% 的鱼类资源超过了可持续捕捞上限，早在 1974 年这一比例仅为 10%。

2022 年 6 月，WTO 第 12 届部长级会议（MC12）通过了《渔业补贴协定》，历时 21 年，是 WTO 协定中谈判时间跨度最长的协定，也是 WTO 成立以来达成的第二份全新的多边贸易协定。该协定禁止支持非法、不报告和不管制（Illegal、Unreported、Unregulated，IUU）捕捞，禁止支持过度捕捞的鱼类，并终止对不管制公海捕捞的补贴，还为发展中国家和最不发达国家设立基金、提供技术援助。但该协定需要 WTO 成员的三分之二（110 个）接受后才能生效，截至 2024 年 3 月 1 日，已有 71 个成员接受，距离协定生效还差 39 个成员。但是，MC12 对导致产能过剩和过度捕捞的补贴等问题未达成共识，2024 年 2 月 27 日，WTO 第 13 届部长级会议（MC13）提交审议的《渔业补贴补充条款》（草案）致力于在上述问题上达成共识，由于各方分歧比较大，尤其是印度的极力反对，该草案最终未通过。

三、技术性贸易壁垒的影响越来越大

技术性贸易壁垒（TBT）的表现形式有标准、技术法规、测试、认证程序等，多应用于科学技术、卫生安全、检验检疫、环境保护、产品质量以及合格认证等领域。由于 WTO 及 RTA 等相关协定允许各国为实现地区安全、保护环境等合法目标而采取必要的 TBT 措施，因此，各国在制定和实施 TBT 措施时就有了依据，再叠加 TBT 隐蔽性强、透明度低、不易监督和预测等特点，TBT 在国际货物贸易中的影响日益强大，并成为非关税壁垒的重要组成部分，是各国实施贸易保护主义的有效手段之一。TBT 在全球货物贸易中呈逐年增长态势，且新增 TBT 通报占比较大，2023 年，WTO 的 164 个成员中共有 90 个成员提交了 4068 件 TBT 通报，其中，2260 件为新通报，占比为 56%（见图 1-1）。

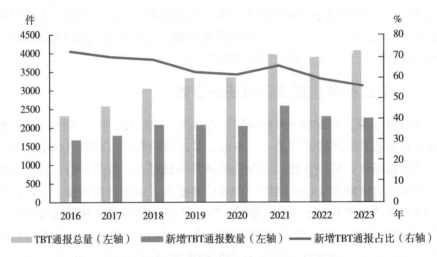

图 1-1　2016—2023 年 WTO 成员 TBT 通报数量

（资料来源：作者根据 WTO 数据整理）

四、滥用贸易救济为货物贸易自由化增加新的障碍

WTO 倡导货物贸易自由化，在要求成员削减关税和非关税壁垒、开放市场的同时，允许成员根据国情对货物贸易实施限制措施，贸易救济是常用的限制措施，其中，反倾销、反补贴是两种主要形式。

WTO 成员方的反倾销、反补贴措施数量快速增长，出现一定程度的滥用和扩大化现象。自 1995 年 WTO 成立至 2024 年 5 月 16 日，全球累计发起 7619 起贸易救济案件，其中，反倾销 6358 起，占比为 83.45%；反补贴 699 起，占比为 9.17%。欧盟委员会统计数据显示，截至 2022 年底，欧盟正在执行的贸易救济措施共有 177 项，比 2021 年增加了 14 项，其中，包括 117 项反倾销措施、21 项反补贴措施（见图 1-2）。此外，气候变化、数字技术、绿色转型等全球经济发展面临的新问题也给补贴政策提出了新挑战。例如，WTO补贴与反补贴措施是为化石能源时代设计的，在当前全球发展面临绿色转型的形势下，并不适应绿色产品、绿色产业以及绿色转型的发展需要。

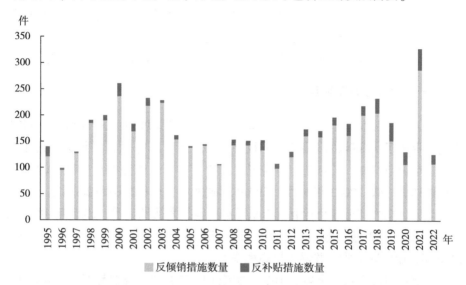

图 1-2 1995—2022 年 WTO 成员历年反倾销和反补贴措施数量

（资料来源：作者根据 WTO《2023 年世界贸易报告（*World Trade Report* 2023）》整理）

五、电子传输免关税

随着电子商务规模的快速扩大，电子传输免关税问题日益引起关注。1998 年，WTO 就"暂停征收数字商品和服务电子传输关税"达成共识，历届部长会议都延长其暂停期限，至今已 26 年。在 2024 年 2 月召开的第 13 届部长级会议上再次同意将电子传输暂免关税做法延续至 2026 年 3 月 31 日或第 14 届部长级会议。但是电子传输免关税只是暂时的，将来是否继续存在极大的不确定性，而且各国对此的态度不一，美国、欧盟、新加坡和日本等发达经济体主张电子传输永久免关税，但不是对所有国家免征，而是对特定贸易协定中的缔约方永久免征；印度、南非等发展中国家则希望禁止电子传输免关税，因为该措施造成了巨大的关税损失；中国的态度是"暂不针对电子传输征收关税"，免关税是暂时性的义务。

六、中间品贸易和货物贸易统计

在全球价值链和国际分工不断深入发展过程中，中间品贸易逐渐成为全球贸易的主体，约占全球货物贸易的一半，据 WTO 统计数据，2020—2022 年中间品贸易在全球贸易中的占比为 51.0%，2023 年上半年下降到 48.5%。但是，货物贸易统计仍然是传统的基于产成品贸易的统计方式，体现的是货物的全部价值，而不是货物的增加值，这就导致货物贸易统计与现实价值的偏离日益加大。全球价值链视角下的中美贸易失衡，在很大程度上是由于现行贸易统计不适合对价值链贸易进行评估，夸大了美国对中国的贸易逆差。

七、碳边境调节税

2007 年，欧盟就开始讨论对进口高碳产品征收额外关税；2019 年，欧盟委员会提出了实施碳边境调节税的设想；2021 年 3 月，欧盟委员会通过了设立碳边境调节机制（CBAM）的议案；2022 年 3 月，欧盟委员会就 CBAM 相关规则达成一致；2023 年 5 月，CBAM 正式发布，征税范围涵盖钢铁、水泥、铝、化肥、电力和氢 6 个行业，未来还有可能扩大征税范围，2023 年 10 月至 2025 年底为过渡期，进口到欧盟的征税产品需要提供碳排放报告但不征税，2026 年开始实际征收，并逐年提高税率。

欧盟进口总额约占全球的 16%，实施 CBAM 会对全球贸易产生重要影响。一是 CBAM 可能产生更多的非关税壁垒，为了保护本国产品，各国会互相升级关税措施和非关税壁垒，破坏全球货物贸易体系；二是 CBAM 可能引起更多贸易摩擦，当前碳关税的讨论主要集中在发达国家，发展中国家认为该政策具有歧视性，将迫使发展中国家改变对欧盟的贸易政策，引发贸易摩擦；三是 CBAM 会加重企业和消费者的负担，CBAM 将使国际贸易更加复杂，出口欧盟市场的企业要满足 CBAM 的要求，必然产生额外成本，增加非欧盟制造商的出口成本，这些成本可能转嫁到消费者身上，欧盟消费者将面临更高的商品价格。

各国对 CBAM 的态度不一。一方面，大部分发达国家对 CBAM 持支持或开放态度。例如，美国 2021 年提出碳边境税计划，将对出口至美国的商品征收碳关税，2022 年 6 月提出美国版 CBAM，即《清洁竞争法案》（CCA），对超过行业平均水平的碳排放征收碳税；日本于 2021 年发布"碳中和社会推进计划"，其中包括碳关税的具体实施方案，日本还欲建立美欧日三方碳边境调节机制；七国集团（G7）在 2022 年的 G7 峰会上宣布将成立"气候俱乐部"，拟建立俱乐部成员间的碳边境税制度。另一方面，发展中国家普遍对 CBAM 持质疑或反对态度，认为 CBAM 不仅违反了 WTO 规则，而且也不符合《巴黎协定》和《联合国气候变化框架公约》的规定，是欧盟建立贸易壁垒的体现，如中国、俄罗斯等国在 2021 年 11 月的气候大会上明确反对 CBAM。

第五节　货物贸易国际规则面临的挑战

虽然货物贸易国际规则经过第二次世界大战后长达近 80 年的演变日渐完善，但是近年来，规则之外的因素对规则的使用产生了重大挑战，尤其是美国、欧盟等发达经济体越来越多地基于国内的政治需要和经济利益采取单方面措施，严重扰乱了全球货物贸易的正常秩序。

一、政治因素日益渗入贸易领域

从国际上看，随着发展中国家的经济地位上升，部分国家之间或者由于产业结构的原因竞争增多，或者由于逐步丧失在某些产业中的领先优势，从全球化中获取的收益有所下降，因而对现行规则的支持意愿下降，与相关国家的合作意愿下降。**从各国内部看**，部分发达国家内部由于分配失衡引发不同阶层、不同行业之间的矛盾日益尖锐。在西方国家任期制的选举制度下，这些经济上的结构性变化导致一些政府为了争取选票而转移矛盾，"甩锅"责任，将原因归咎于外部，导致了贸易保护主义日渐抬头。一些西方国家政府利用公众对新冠疫情作为极端事件所引发的对公共卫生安全、产业链安全等方面的关注，将"国家安全"概念泛化，出于政治需要扩大覆盖领域，对国际规则不予理会，单方面采取贸易限制措施，不再遵守诸多已经普遍采用的规则，严重损害了全球贸易规则的公信力，扰乱了贸易秩序，影响了全球贸易发展。

二、单方面贸易制裁和限制措施增加

随着国际经贸格局不断演变，美国等发达国家为了维护其自身利益而不断出台基于政治考虑的贸易保护政策，使国内法律凌驾于国际经贸规则之上。例如，俄乌冲突爆发后，包括美国、英国、欧盟在内的众多经济体对俄罗斯实施了多轮制裁；又如，近年来美国多次对中国高科技企业实施制裁，此类基于政治利益而采取的制裁是不合理措施，极大地阻碍了全球经贸的发展。

在全球经济发展过程中，基于政治考量、国家安全、意识形态等因素，世界各国在国际贸易中的摩擦不断增多。贸易摩擦的措施内容主要涉及进出口关税、进出口限制、贸易救济等。2023 年，全球 20 个国家和地区共计发布

4695 项贸易摩擦措施，同比增长 6%。此外，中国和美国作为全球贸易大国，近些年两国之间的贸易摩擦也不断增多，自 2017 年 8 月美国贸易代表办公室对中国启动 "301 调查" 开始，美国对中国的贸易限制措施不断升级，2018 年美国对中国商品加征关税，2021 年拜登政府上台后延续加征关税措施，还鼓吹对华 "脱钩断链" "去风险化"。2024 年 5 月 14 日，美国宣布在原有对华 "301 关税" 的基础上，进一步提高对自中国进口的电动汽车、锂电池、光伏电池、关键矿产、半导体以及钢铝、港口起重机、个人防护装备等产品的关税。

三、发达国家对高科技产品等领域的限制

在全球贸易发展进程中，对高科技产品的限制现象一直存在。第二次世界大战结束后，1949 年 11 月，西方资本主义国家成立 "对共产党国家出口管制统筹委员会"，又称 "巴黎统筹委员会"，对军工产品、尖端科技、稀缺资源或战略资源进行出口管制，直至 1994 年才正式宣告解散。但在 1996 年 9 月，美国又与其他 32 个国家共同签署了《关于常规武器与两用产品和技术出口控制的瓦森纳协定》（以下简称《瓦森纳协定》，*Wassennar Arrangement*），建立起新的多边出口控制机制，对电子设备、计算机、激光器等领域的技术和软件进行出口限制。近年来，以美国为首的西方国家不断加大对芯片、半导体等高科技产品的限制。例如，2019 年 5 月，特朗普政府将华为列入 "实体清单"，限制其从美国获得技术。此后，拜登政府继续加大制裁：2022 年 8 月，美国出台《通胀削减法案》《芯片与科学法案》等贸易保护政策，同时，美国商务部工业和安全局（BIS）宣称出于国家安全考虑，将四项 "新兴和基础技术" 纳入新的出口管制；2022 年 10 月，美国升级半导体等领域对华出口管制；2023 年 8 月，美国发布对外投资审查行政令，限制美方对中国高科技领域投资。

四、贸易摩擦主要发生在没有签署 RTA 的国家之间

贸易摩擦的内容主要包括进出口关税措施、贸易救济措施、技术性贸易措施、进出口限制措施和其他限制性措施等方面，其中贸易救济措施是主要表现形式。贸易摩擦既存在于发达国家之间、发展中国家之间，也存在于发达国家和发展中国家之间，但是，如果国家之间签署了 RTA，贸易摩擦会比较少甚至没有，相反，如果国家之间没有签署 RTA，则贸易摩擦的风险会大幅度增加。例如，自 1995 年至 2024 年 5 月 18 日，世界各国对我国累计申诉

贸易救济案件2383起，在排名前十的国家中，除澳大利亚和印度尼西亚外，其余国家均未与我国签署自贸协定，而同时期内与我国签署自贸协定的国家，对我国申诉的贸易救济案件数量非常少甚至为零（见图1-3）。

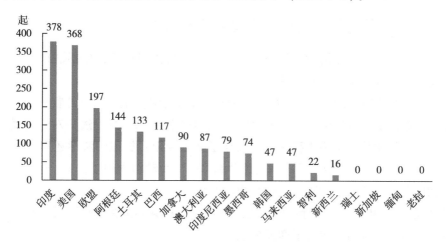

图1-3　1995—2024年对中国贸易救济案件部分申诉国的分布情况

（资料来源：作者根据中国贸易救济信息网数据整理）

五、争端解决机制未能充分发挥作用

争端解决机制是多边贸易体制的中心支柱，为全球贸易稳定发展作出了重大贡献。当前，争端解决机制已基本成为自贸协定中的"标配"。但是，全球经贸规则领域中的争端解决机制还存在一些难题需要解决，主要表现包括：一是WTO争端解决机制陷入停滞，上诉机构无法正常运转。虽然在第12届部长级会议后WTO争端解决机制改革谈判进入新阶段，并取得一定进展，但在理念认知、法律技术、议题关联、谈判时限等方面仍然面临重大挑战，能否如期达成全面解决方案存在很大的不确定性。二是RTA规定各自适用的争端解决方式。RTA中缔约方分别规定采用有利于自身利益的争端解决方式，增加了纠纷解决的难度，如USMCA和CPTPP均采用专家组一审制，而不是遵守WTO采取的以上诉机构为核心、二审制的争端解决机制。

第六节　我国的货物贸易管理制度

作为全球货物贸易第一大国，我国已在众多货物贸易规则领域与国际接轨，如在贸易便利化方面，我国现有贸易便利化规则已有超越CPTPP的势头

（林创伟和白洁，2022），但是在货物市场准入、监管一致性等领域与国际高标准还存在差距，需要根据我国货物贸易发展的实际情况，一方面逐步缩小现有差距，另一方面要在优势领域成为国际标准的引领者。

一、我国对外贸易的法律体系不断健全

目前，我国已经构建了比较健全的货物贸易法律体系，包括法律、行政法规、行政规章及规范性文件等。

一是在法律方面。《中华人民共和国对外贸易法》是我国对外贸易的基本法，详细规定了对外贸易的管理制度；《中华人民共和国海关法》对进出境运输工具、货物及海关执法程序等方面作了详细规定；类似的法律还有《中华人民共和国出口管制法》《中华人民共和国进出境动植物检疫法》《中华人民共和国文物保护法》《中华人民共和国野生动物保护法》《中华人民共和国药品管理法》《中华人民共和国种子法》《中华人民共和国畜牧法》等，在相应领域均对货物进出口作出了详细规定。

二是在行政法规方面。《中华人民共和国货物进出口管理条例》规范了货物进出口管理、维护了货物进出口的秩序；《中华人民共和国海关行政处罚实施条例》规定了对违法进出口行为的处罚；类似的行政法规还有《中华人民共和国进出境动植物检疫法实施条例》《中华人民共和国知识产权海关保护条例》《中华人民共和国野生植物保护条例》《中华人民共和国食品安全法实施条例》等。

三是在行政规章及规范性文件方面。《禁止进口货物目录》是商务部会同国务院相关部门制定的货物进口目录，2001 年发布第一批目录以来，截至 2023 年已发布九批；类似的还有《禁止出口货物目录》《货物进口许可证管理办法》《货物出口许可证管理办法》《两用物项和技术进出口许可证管理办法》《两用物项和技术进出口许可证管理目录》等。此外，国家外汇局分别于 2023 年 12 月发布《关于进一步深化改革　促进跨境贸易投资便利化的通知》，旨在提高跨境贸易投资便利化水平；2024 年 4 月发布《关于进一步优化贸易外汇业务管理的通知》，推出 6 项举措优化外汇业务流程、提升跨境贸易便利化水平，优化货物贸易发展的外汇政策环境。

二、我国主动降低关税水平

关税总水平是衡量一国货物贸易领域开放程度的重要指标之一。我国通过自主降税和履行承诺相结合的方式，不断降低关税水平。1992 年以来，我

国先后多次大幅度自主降低关税，使关税总水平由 1992 年底的 43.2%降低至 2001 年初的 15.3%，总降税幅度高达 64.6%；2001 年 11 月我国正式加入 WTO 以来，严格履行关税减让义务，平均关税水平持续下降，从 2001 年的 15.3%降至 2010 年的 9.8%，2018 年降至 7.5%，2023 年我国关税总水平降至 7.3%。

一方面，主动降低关税水平。一是制定关税减让的法律法规。相继出台了《中华人民共和国关税法》《中华人民共和国海关法》《中华人民共和国进出口关税条例》等法律法规，形成以《海关法》为基本法，以《进出口关税条例》为核心，以《进出口税则》及海关税收征管规定等为基础框架、具有中国特色的关税法律体系。二是在自由贸易试验区、海南自由贸易港（以下简称自贸港）给予特殊的进出口税收政策。例如，2023 年 12 月 29 日，财政部、海关总署等五部门发布《关于在有条件的自由贸易试验区和自由贸易港试点有关进口税收政策措施的公告》，对暂时进出境修理、暂时进境货物给予特殊税收优惠政策。海南自贸港 2025 年全岛封关运作后，绝大部分商品将实行"零关税"。三是对部分国家和商品给予优惠关税政策。2024 年，我国对 20 个协定项下、原产于 30 个国家和地区的部分进口货物实施协定税率；继续给予 43 个与我国建交并完成换文手续的最不发达国家零关税待遇，实施特惠税率；对原产于安哥拉、冈比亚等 6 个最不发达国家的 98%税目产品实施零关税。截至 2023 年 12 月 25 日，我国已累计给予 35 个国家 98%税目零关税待遇。

另一方面，积极履行自贸协定承诺降低关税水平。自 2001 年加入 WTO 后，截至 2010 年 1 月 1 日，我国已全部履行货物降税承诺，关税总水平由加入 WTO 时的 15.3%降至 9.8%的承诺水平。其中，工业品平均税率由 14.8%降至 8.9%；农产品平均税率由 23.2%降至 15.2%，约为世界农产品平均关税水平的四分之一。2015 年 12 月，我国与美国、日本等 WTO 成员方就扩大《信息技术协定》（ITA）的产品范围达成协议，分阶段取消 201 项产品的进口关税，2016 年 9 月首次对扩围产品实施降税，2023 年 7 月实施第八次降税，本次降税完成后，标志着我国将完成 ITA 扩围协议的全部降税承诺，有关信息技术产品整体平均关税税率将由 2016 年初的 6.5%降至零。

三、海关优化通关流程，助力货物贸易自由化

我国通过建立国际贸易"单一窗口"、推进海关通关无纸化改革和积极实施 AEO 国际互认等通关便利化举措，助力货物贸易自由化。

一是建立国际贸易"单一窗口"。2016 年 10 月，国务院口岸工作部际联席会议办公室印发《关于国际贸易"单一窗口"建设的框架意见》。截至 2023 年 7 月，国际贸易"单一窗口"系统已实现货物申报、原产地证书申请、进口配额申请、税费办理、跨境电商、物品通关等 23 个大类基本服务功能。

二是积极推进海关通关无纸化改革。2012 年 8 月，海关业务无纸化试点改革正式启动，并于 2014 年 4 月扩大至全国海关的全部通关业务现场。目前，我国海关全面实施自动化通关系统，舱单以及进出口货物报关单证均可以电子方式提交。

三是积极实施 AEO 国际互认。对内方面：2008 年实施 AEO 制度以来，AEO 已成为中国海关信用管理中的最高级别认证，是具有高含金量的国际通行"护照"。截至 2024 年 4 月，我国共有 AEO 企业 5882 家，以约 1% 的进出口企业数量占比贡献了我国 36.3% 的进出口值。对外方面：大力推进 AEO 国际互认，2012 年 6 月，中国与新加坡签署我国第一个 AEO 互认安排，截至 2024 年 5 月 9 日，中国海关已与新加坡、韩国、日本、欧盟、英国等 28 个经济体、54 个国家（地区）签署 AEO 互认协议，协议数量和互认国家（地区）数量均位居世界第一。

四、在自贸试验区（港）先行先试对接高标准货物贸易国际规则

我国重视自贸试验区（港）在对标高标准国际经贸规则中的先行先试引领作用，支持其在货物贸易领域开展试点。2013 年上海自贸试验区设立以来，多个自贸试验区的制度创新中，货物贸易尤其是海关通关便利化的创新案例占到了相当比例，并且多个创新案例被复制推广到全国。例如，上海自贸区推出国际贸易"单一窗口"，优化业务流程的同时提高了通关效率及降低企业成本，该制度创新在全国复制推广。临港新片区建立洋山特殊综合保税区海关监管创新制度体系，首创以"一线径予放行、二线单侧申报、区内不设海关账册"等为特点的全新海关监管制度体系。深圳前海片区探索深港"前仓后店"模式，大幅降低企业运营成本。天津自贸区创新保税监管场所审批受理模式，推行"一口受理、综合审批、高效运作"的服务模式。2023 年 6 月，国务院印发《关于在有条件的自由贸易试验区和自由贸易港试点对接国际高标准推进制度型开放的若干措施》，涉及货物贸易、服务贸易、人员进出等内容，33 条措施中涉及货物贸易的最多，有 12 条，占比高达 36.7%；2023

年12月，国务院印发《全面对接国际高标准经贸规则推进中国（上海）自由贸易试验区高水平制度型开放总体方案》，涉及服务贸易、货物贸易、数字贸易规则、政府采购领域改革以及相关"边境后"管理制度改革等多方面内容，80条措施中涉及货物贸易的有15条，占比为18.8%。

五、在签署的自贸协定中履行高标准货物贸易承诺

我国通过积极签署双边或区域自贸协定来提升货物贸易自由化便利化水平，2023年，自贸协定谈判和签署创造新的历史纪录，新签协定达到4个。截至2024年9月，我国已经和29个国家（地区）签署了22个自贸协定，与自贸伙伴国家（地区）的贸易额占全国对外贸易总额的三分之一左右。同时，自贸协定中关于货物贸易的承诺水平不断提高。例如，2023年10月签署的《中华人民共和国政府和塞尔维亚共和国政府自由贸易协定》对货物贸易作出了高水平承诺：一是自由化水平高，双方最终零关税税目的进口额比例均达到95%；二是产品覆盖面广，中方将塞方重点关注的发电机、电动机、轮胎等纳入零关税，有关产品关税也将从目前的5%～20%逐步降至零；三是便利化措施实施，双方将深化海关合作，并对简化贸易程序、风险管理、透明度、预裁定、AEO制度、合作与磋商等作出具体规定，特别是引入原产地自主声明，极大地便利了企业。

六、积极参与全球经贸治理体系调整

我国积极参与现有国际经贸规则的升级谈判并提供中国方案，努力为全球经济治理体系变革贡献中国智慧。例如，2013年我国提出共建"一带一路"倡议，目标在于促进经济要素有序自由流动、资源高效配置和市场深度融合，推动共建国家实现经济政策协调，开展更大范围、更高水平、更深层次的区域合作。2016年7月在上海举办的G20贸易部长会议，在发布的G20历史上第一份贸易部长声明中，我国提出"促进包容协调的全球价值链"倡议，推动发展中国家和中小企业更好地融入全球价值链。2018年11月23日，商务部发布《中国关于世贸组织改革的建议文件》，提出关于WTO改革的三个基本原则和五点主张。

第七节　我国对接货物贸易国际规则面临的挑战

近年来，我国通过完善货物贸易法律体系、降低关税水平、推行海关通

关便利化举措、在自贸试验区（港）对接试点高标准货物贸易国际经贸规则、积极签署自贸协定以及在国际经贸规则升级谈判中提供中国方案等举措，货物贸易开放水平不断提升。但与高标准货物贸易国际经贸规则相比，还存在以下挑战。

一、国内货物贸易的法律体系有待进一步完善

当前，虽然我国已经建立了较为完善的货物贸易法律体系，为我国货物贸易的高质量发展提供了法律保障，但与货物贸易国际规则相比，我国与货物贸易有关的法律体系还有待进一步完善。例如，在劳工和环保等"边境后"领域，CPTPP 等国际高标准经贸规则对其进行了严格规定，但我国的《中华人民共和国劳动法》《中华人民共和国环境保护法》及其配套法规与之相比还有一定差距，需要对标差距进行完善。

二、内外贸一体化有待深入推进

自 20 世纪八九十年代，内外贸一体化议题就开始被学者广泛讨论，在 20 多年的发展过程中，各级政府相继出台促进内外贸一体化发展的政策，内外贸一体化体系建设不断完善。2021 年 12 月 30 日和 2023 年 12 月 7 日，国务院办公厅先后印发《关于促进内外贸一体化发展的意见》《关于加快内外贸一体化发展的若干措施》；2022 年 5 月 9 日，商务部等 14 个部门印发《关于开展内外贸一体化试点的通知》，同年 12 月 8 日确定北京、上海等 9 个省市为试点地区。但是，内外贸一体化还面临税收政策与结算模式不同、标准认证体系不同、业务模式不同、监管标准与执行不同等多重考验。

三、发展中国家身份和市场经济地位受到质疑

为遏制打压中国发展，美西方国家迫使中国承担超出自身能力的国际责任，不断质疑中国的发展中国家身份。例如，美国特朗普政府企图通过修改发展中国家的判定门槛来否认中国等 25 个联合国认定的发展中国家的地位。2023 年 2 月，美国两党参议员递交所谓的"终止中国发展中国家地位法案"，这是美国议员首次提出单独法案要求终止中国的发展中国家地位。

市场经济地位问题是发达国家与中国博弈的核心问题之一。非市场经济地位会对中国的对外贸易产生非常不利的影响，据商务部统计数据，目前包括俄罗斯、巴西、澳大利亚等在内的 80 多个国家承认中国的市场经济地位，而美国、欧盟和日本等发达国家为了实施变相的贸易保护、维护自己在世界

经济中的既得利益，多年来一直拒绝承认中国的市场经济地位。

四、与全球主要经济体尚未达成自贸协定

截至 2024 年 9 月，中国已与 29 个国家（地区）签署了 22 个自贸协定，自贸伙伴占中国对外贸易总量的三分之一左右，在消除贸易壁垒、降低贸易成本、助力产业升级的同时，也彰显了中国坚定不移推动对外开放的态度，为国际贸易提供了稳定和可预期的环境。但是，从已经签署的自贸协定来看，中国自贸协定的伙伴主要集中在亚洲、大洋洲，且大多数为发展中国家，目前尚未与美国、日本、德国、法国等发达国家签署自贸协定，也尚未与俄罗斯、印度等贸易大国签署自贸协定。

五、现有货物贸易统计体系未能客观反映我国货物贸易增加值

当前，我国在货物贸易领域深度融入全球价值链，强大的制造业能力、完备的产业链供应链体系为我国创造了巨大的货物贸易顺差。但是，在跨国公司主导的全球产业链体系下，中间品贸易的占比日益增加，从 20 世纪 80 年代占全球贸易的 30% 左右上升到 2023 年的超过 50%。中国的中间品贸易进口和出口分别于 2009 年和 2012 年跃居全球第一位，之后分别连续 15 年和 12 年保持了全球第一的地位，2023 年中国中间品进口和出口分别占全球的 23.0% 和 19.5%。在现有的货物贸易统计体系下，中国货物贸易呈现巨大的贸易顺差，但是，如果从贸易增加值的角度来看，我国的货物贸易顺差需要大幅度调低。统计结果和真实情况之间的巨大差距，容易引起世界其他国家对我国货物贸易真实发展状况的误判，这也是中国与美国经贸摩擦的焦点之一。

第八节　我国对接货物贸易国际规则的政策建议

针对上述对货物贸易国际规则的分析，以及我国货物贸易管理制度的现状和对接货物贸易国际规则面临的挑战，提出以下政策建议。

一、坚定捍卫以 WTO 为基础的多边贸易规则体系

多边贸易规则体制在当前全球经贸发展中仍占据重要地位。针对 WTO 现阶段运行出现的主要问题，我国作为 WTO 多边贸易体制的参与者和贡献者，应主动发挥贸易大国地位的优势，积极同发展中国家和欧盟等发达经济体一

起推动 WTO 机制改革和贸易规则的升级谈判，坚定捍卫以 WTO 为基础的多边贸易规则体系。同时，要坚决回击美国单方面不合理的制裁和限制，维护贸易规则的公信力，以实际行动提升中国在规则运用和制定中的话语权。

当前，虽然美欧等发达国家主导的高标准 RTA 发展迅猛，但对中国和广大发展中国家而言，维护 WTO 体制下以非歧视和自由公正为主要特点的多边贸易体制更契合当前发展实际。WTO 现有机制和规则还存在诸多问题，如货物贸易规则落后于货物贸易发展现状、上诉机构停摆导致争端解决机制未能发挥作用等，鉴于此，我国应该发挥强大的制造业能力、完整的产业链、强大的电子商务等贸易大国的优势，积极参与 WTO 改革谈判并提供中国方案，同时团结与中国有共同利益诉求的众多发展中国家，让我国在货物贸易领域的成功经验被更多国家所接受，进而引领货物贸易国际规则的发展。

二、持续降低关税、补贴和贸易壁垒

履行承诺进一步降低关税水平。我国已在 RCEP 中给出了较高水平的关税减让承诺，首先需要切实履行到位。在将来包括原有自贸协定升级和加入 CPTPP 等的谈判中，需要进一步增加零关税货物占比，并缩短关税减让的承诺周期。

与时俱进完善补贴政策。主要经济体在货物出口或出口环节都存在不同程度的补贴，WTO 也没有完全禁止补贴。我国应在 WTO 规则框架下，对标 CPTPP 等高标准国际经贸规则中有关货物在出口和进口环节补贴的规定，完善和改进补贴政策，提高补贴的透明度、规范性、合理性。

推动降低技术性贸易壁垒。当前，我国签署的双边自贸协定中所规定的 TBT 条款还面临"低覆盖率、低深度"的问题，与国际标准相比还存在一定差距。一方面，要对标 CPTPP 等国际高标准经贸规则中的 TBT 条款，全面对比梳理出我国现行 TBT 条款的差距，及时推动条款的改革升级和国内法律法规的完善；另一方面，要加强国际合作，注重国内技术标准与国际标准的一致性，引导企业对标 TBT 先进标准，减缓其他国家尤其是发达国家的 TBT 规定对我国贸易出口的冲击。

三、探索改进货物贸易统计体系

当前的传统货物贸易统计体系已经不能适应以价值链为主导的国际贸易。在全球价值链深入发展的今天，传统的货物进出口统计数据已经不能真实反映一国货物贸易的真实情况，许多学者提出用国内出口增加值来统计贸易进出口更为准确和合理。我国应深入研究在新的全球贸易发展和模式变化下，当前贸易统计体系的问题和调整思路，主动提出中国的建议方案。

四、积极参与和引领新兴议题的规则制定

推进加入 DEPA 谈判，引领电子商务规则。 数字贸易规则是当前国际经贸规则谈判的重要内容。美国和欧盟均以 RTA 为载体构建了各自的数字贸易规则体系，其中，"美式模板"更加强调数字市场开放，提出跨境数据自由流动、取消数字本地化限制和源代码披露等主张；"欧式模板"更加强调个人隐私保护，提出对跨境数据进行有效监管等主张。

2021 年 11 月 1 日，我国正式申请加入《数字经济伙伴关系协定》（DEPA）。2022 年 8 月 18 日，中国加入 DEPA 工作组正式成立，全面启动中国加入 DEPA 谈判。截至 2024 年 10 月，中国已与 DEPA 缔约方举行 5 次部长级会议、多次首席谈判代表会议和技术磋商，就商业和贸易便利化、数字产品待遇、数据问题、网络安全、消费者信任、数字身份、新兴技术、数字包容性等数字经济相关议题进行了深入交流，取得了积极进展。

在货物贸易国际规则中纳入绿色发展理念。 环境和气候问题是当前全球面临的重要挑战，对全球经贸的发展产生了重要影响，在全球经贸发展过程中应纳入绿色发展理念。我国应加强国际区域合作，通过双边、诸边和多边的自由贸易协定谈判，探索建立"共同但有区别"的国际贸易碳排放标准和规则，同时要防止将"碳关税"和"碳标签"演变为新的贸易壁垒。

五、提高自贸协定利用率，注重解决规则重叠和碎片化问题

目前，我国已与 29 个国家（地区）签署了 22 个自贸协定，有力地促进了货物贸易的发展。但是，在实际使用过程中还存在自贸协定规则重叠、利用率低等问题，例如，中国—瑞士自贸协定总体利用率在过去 5 年从 42.2% 下降到 39.3%，主要原因是，利用协定节约的关税金额不足以覆盖其利用成本、对协定优惠利率认识不够以及不了解如何运用优惠利率、复杂的原产地规则、直接运输的原产产品才能享受优惠税率、获得原产地证明的时间和成本、不合规风险和核查成本过高等，导致我国出口企业利用中瑞自贸协定的积极性降低。在 RCEP 的实施中，我国也存在利用率低的问题。鉴于此，要根据国际贸易发展的新形势以及企业实际使用过程中遇到的难点痛点问题，提高自贸协定的利用效率，并针对存在的问题，积极推动相关自贸协定的升级谈判。

六、推进加入 CPTPP 进程，争取与欧洲主要经济体达成 RTA

当前，我国的开放水平与 CPTPP 标准相比还存在一定差距，要全面梳理主要差距并拟订改革方案，积极推进加入 CPTPP 谈判的进程。同时，面对错综复杂的国际形势，中欧之间的经贸发展表现出强大的韧性，中欧之间的产业链、供应链、价值链不断深入融合。2023 年，中国是欧盟第一大货物进口伙伴（占欧盟进口的 20.5%）、第三大货物出口伙伴（占欧盟出口的 8.8%），欧盟长期以来也是中国的第一大贸易伙伴（2020 年英国"脱欧"后欧盟成为第二大贸易伙伴），我国应积极与法国、德国等欧洲主要经济体协商，适时启动自贸协定的谈判，以共同的规则约束减少相互之间的贸易摩擦和冲突。

第二章 服务贸易国际规则比较及 我国对接建议

近年来，服务贸易在国际贸易中的占比持续提升，成为全球经济增长的重要动力。联合国贸易与发展会议（UNCTAD）数据显示，2013—2022 年，全球服务贸易进出口总额由 9.6 万亿美元增至 13.7 万亿美元，年均增长率为 6.2%，高于全球货物贸易和 GDP 的年均增速，其中，2022 年同比增长 14.7%，占全球贸易额的 35.5%。1994 年，世界贸易组织（WTO）成员方签署的《服务贸易总协定》（GATS）奠定了服务贸易规则的基本框架，但随着信息技术的快速发展，服务业新模式新业态蓬勃兴起，服务贸易形式变得多样化，GATS 日益难以满足服务贸易发展的需要，服务贸易规则处在演变之中。

党的二十大报告提出，"创新服务贸易发展机制，发展数字贸易，加快建设贸易强国"。创新服务贸易发展机制，既是稳外贸稳外资的重要举措，也是稳步扩大规则、规制、管理、标准等制度型开放的重要内容，更是参与全球经济治理体系重构的重要抓手。这需要对接国际高标准经贸规则，尤其是我国已正式申请加入《全面与进步跨太平洋伙伴关系协定》（CPTPP），需要结合服务贸易发展和演进趋势，比较我国已经加入的 GATS、RCEP 和 CPTPP 的差异，提高服务贸易开放水平和规则制定影响力。

第一节 服务贸易国际规则在重构中提升标准和拓展议题

随着全球服务贸易规模和所占比重的不断增长，服务贸易规则日益成为各国参与双边或多边自贸协定时关注的重点内容。同时，发达国家与发展中国家对规则诉求的差异、科技进步推动服务贸易出现的新特点和全球产业链的区域化调整，都推动了服务贸易规则的重构。

一、双边和区域自贸协定中服务贸易条款增长趋势明显

自 1994 年 WTO 成员方签署 GATS 至今 30 年来，服务贸易的内容和形态发生了巨大变化，网络技术使服务贸易向数字化演进，GATS 越发难以适应新的贸易模式，发达国家和发展中国家均寻求对 GATS 规则进行改革。但由于各方利益难以兼顾，世界各国在 WTO 框架下的服务贸易谈判屡次陷入停滞。双边和区域自贸协定由于参与国家相对较少，利益分歧能够控制在小范围内，相对容易达成，因此，世界主要经济体积极转向达成双边或区域性的诸边贸易协定，作为拓展自身影响力和推动贸易发展的有效工具。

近年来，双边和区域性自贸协定的数量不断上升。根据 WTO 数据，截至 2024 年 9 月，全球累计生效的自贸协定达 373 个，其中，2001 年以来，每年生效的包含服务贸易条款的自贸协定快速增长，2021 年最高达到 23 个（见图 2-1）。

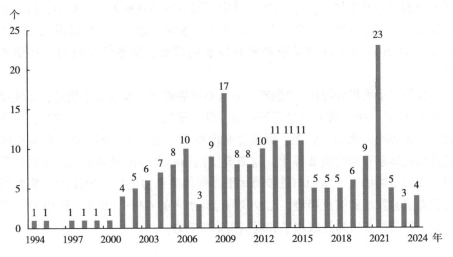

图 2-1　1994—2024 年每年生效的包括服务贸易条款的自贸协定

（资料来源：作者根据世界贸易组织数据整理）

二、服务贸易的发展特点需要规则重构，但难度比货物贸易更大

随着科技发展服务贸易呈现出新特点。一是数字化产品在服务贸易交付中日益增加，由于越来越多的产品具有定制化、个性化的特点，价值难以确定。二是网络交易和线上交付日益成为服务贸易的主流形式，交易各方可能

分处不同国家，使交易地点难以确定，这使目前基于国界区分境内居民和境外居民的服务贸易规则面临挑战。三是服务贸易新业态新模式需要经过市场竞争的时间验证，但各国国内相关法律和管理规定都滞后于服务新业态新模式的发展。四是不同国家的科技发展、应用场景、数字设施、市场规范、法律基础等差别呈扩大趋势，使服务贸易面临新挑战。服务贸易的上述新特征，使现有的服务贸易规则越发不适应发展新要求，规则调整势在必行。

但是，服务贸易规则调整的难度大。与货物贸易相比，服务贸易具有无形性、难统计、难监管、形式多样、过程复杂的特点。一是无形性使服务贸易更加依赖法律、制度、规则等软性基础设施建设，如果对方国家的软性基础设施不具备或水平较低，服务质量便会受到影响，因而，如何适应不同国家的软性基础设施水平的差异，成为规则制定的难点。二是服务贸易的监管和统计难度大，货物贸易有海关监管和统计，准确性和权威性高，而服务贸易涉及行业众多，缺乏统一的监管和统计部门，尤其是涉及知识产权、商业信息等领域的服务监管难度大，在规则制定时需要明确的事项更多。三是服务贸易形式多样，货物贸易只涉及跨境提供，而服务贸易既可以由服务商跨境提供，也可以由消费者跨境购买，或者由服务商跨境设立商业实体来提供，涉及资本和人员的跨境流动，范围更广，类型更多，规则制定难度更大。四是服务贸易的过程复杂，尤其是随着互联网使用日益普及，线下与线上相结合已经成为常态，所形成的多种模式更是大大增加了这种复杂性，并且相当一部分服务的生产、销售和消费同时进行，无法储存，也难以进行事后检验。

三、发达国家在全球服务贸易中占据主导地位

2022 年，在服务进出口排名前十的国家中，发达国家占据八席，分别是美国、德国、英国、爱尔兰、法国、新加坡、荷兰和日本，发展中国家仅有排名第二的中国和排名第七的印度（见图 2-2）。美国是全球唯一达到万亿美元级别的国家，中国连续第九年位居全球第二，但与美国仍相差较大。由此可见，在全球服务贸易中，发达国家占据主导地位，这也表现在国际服务贸易规则的制定上，绝大部分协定由美国等发达国家主导发起，其利益诉求也相对一致，而印度和中国由于各自国情存在较大差异，服务贸易的规则诉求不同。

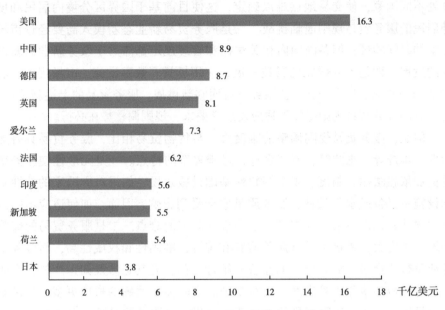

图2-2　2022年世界服务贸易进出口排名前十的国家

（资料来源：作者根据UNCTAD数据整理）

四、美国推动服务贸易规则标准不断提高

美国积极主导自贸协定服务贸易规则高标准的动机是维持自身的领导地位。近年来，美国一直是高标准区域性自贸协定的主要推动力量。美国等发达国家在金融、电信、专业服务、知识产权保护和争端解决等领域具有竞争优势，为了打开发展中国家的市场，在贸易规则中极力倡导自由开放的市场环境，以促进美国知识、技术和信息等服务要素的跨境流动，获取商业利益。随着中国等新兴经济体的快速发展，特别是在全球价值链中地位的提升，美欧等发达国家为巩固其在全球服务贸易领域和价值链中的主导地位，不断提高在金融服务、知识产权、争端解决等方面的标准，形成对包括中国在内的发展中国家的壁垒，并力求引导服务贸易规则演变趋势。

"高标准"经贸规则在《跨太平洋伙伴关系协定》（TPP）中第一次提出。美国奥巴马政府于2008年起主导TPP谈判，首次提出要将TPP打造成"高标准、全面综合的自贸协定"，在跨境服务、金融服务、投资、知识产权等议题上大幅提高开放标准，强化对美国知识产权的保护，但这些高标准要求不仅在缔约方间意见不一，在美国内部也分歧巨大，2017年特朗普上台后便宣布退出TPP。

"美国—墨西哥—加拿大协定"（USMCA）由美国特朗普政府推动原有的《北美自由贸易协定》（NAFTA）升级而成，于2020年正式生效。在保留NAFTA框架和章节基础上，深化完善程序性规定，提升规则的可执行性；扩大议题范围，涵盖数字贸易、知识产权、劳工等新议题，提升金融等部门的开放度和自由化承诺，将承诺与成员方落地政策绑定，强调数据转移和市场准入义务，给予金融服务者最惠国和国民待遇，加强服务贸易监管和争端解决。

《国际服务贸易协定》（TiSA）由美国和欧盟于2011年发起并主导，美国等23个发达国家组成"服务业挚友集团"（Really Good Friends of Services, RGF），目的是取代WTO机制。TiSA侧重于提高服务贸易市场开放度，将国民待遇作为一般义务，引入非成员最惠国待遇①，有权冻结缔约方国内某些法律和管制措施，将国企私有化，制定跨境数据流通准则等。由于美国希望制定最高标准的服务贸易规则，而欧洲采取折中态度，双方存在较大分歧，自2016年第21轮谈判后停滞至今。

《跨大西洋贸易与投资伙伴关系协定》（TTIP）也称《美欧双边自由贸易协定》，由美国于2013年发起谈判，谈判规格比TPP更高，目标是将货物、服务贸易关税降至零，消除非关税贸易壁垒，缩小服务贸易政府管制差异，开放交通等基础设施领域，推高知识产权保护标准，意在建立"经济北约"。但受到欧洲各国利益诉求不一、英国"脱欧"等因素影响，自2017年第15轮谈判后停滞至今。

从上述协定可以看出，美国虽极力推高协定标准，但其中大部分协定都陷入停滞。虽然美国的目标受挫，但很多新议题的条款都被其他双边、区域协定所借鉴，在一定程度上实现了美欧等发达国家抱团引导全球规则重构的目的。

五、CPTPP、RCEP成为服务贸易规则的主流

美国主导的贸易协定由于标准过高而陷入停滞，而没有美国参与的大型贸易协定——CPTPP和RCEP相继签署生效，产生了巨大影响力。CPTPP由TPP演变而来，继承了TPP的主要条款，截至2024年，被认为是目前世界上最高标准的自贸协定。CPTPP在服务贸易规则中保留了"准入前国民待遇+全面负面清单"模式，规定国民待遇和市场准入为一般义务，在市场准入方

---

① 在其他协定中给予他国的待遇必须给予TiSA缔约方。

面取消对数量、配额、形式等方面的限制，允许服务提供者在满足监管标准前提下自由进入市场并自主决定经营方式；在自然人流动方面取消学历和职业资格互认方面的限制，同时对缔约方国内规制、批准程序、争端解决机制等提出更高要求。RCEP 的服务贸易开放水平也高于 WTO，15 个缔约国中，7 个国家采取负面清单承诺方式，8 个国家虽然采取正面清单承诺方式，但均承诺在协定生效后的一定期限内转为负面清单。

六、服务贸易规则向国内规制延伸

近年来，服务贸易规则的重点开始转向对"边境后"措施的约束，不仅 CPTPP 这样的高标准经贸规则重视服务贸易规则与缔约方国内法规的一致性和互融性，WTO 大部分成员也对国内规制的重要性达成共识。2022 年，美国、欧盟和中国等经济体启动《服务贸易国内规制参考文件》在 WTO 生效的程序，并于 2024 年 3 月的 WTO 第 13 次部长级会议上正式生效，成为 WTO 框架下的国际条约义务。文件包括总则、具体要求、金融服务专门规则 3 个部分，共 53 个条款，要求各国增强国内服务业领域政策透明度，提高许可和资质审批效率；给予企业充分参与政策制定机会、及时公开行政审批信息、建立企业咨询反馈机制；减少跨境贸易政策壁垒，降低企业经营成本。文件有助于 WTO 成员维护自身合法权益，推动服务贸易自由化便利化，也将影响未来国际服务贸易规则的制定。

七、服务贸易领域新议题增多

1995 年 WTO 刚建立时，服务贸易更多地被视为货物贸易的辅助工具，只注重要素的自由跨境流动。但随着制造业服务化和服务业对全球价值链的影响加深，生产性服务贸易占服务贸易的比重越来越大，加上生产性服务贸易及全球价值链的数字化、绿色化特征日趋明显，服务贸易已成为推动全球及各国经济增长的新引擎。美国等发达国家越发重视服务性产业链的安全，特别是服务贸易数字化、绿色经济、新金融服务以及跨境数据流动等新议题，如美国、日本、澳大利亚、印度发起的"印太经济框架"（IPEF），寻求以经济框架的形式构建安全可靠的供应链体系、数字贸易、劳工和环境保护规则，目前供应链部分已正式签署，并就贸易中的新议题进行谈判。

各国对这些新议题的关注度越来越高，在自贸协定谈判中，服务贸易规则的制定延伸到了产业投资、市场准入、竞争中立等方面，增加了数字贸易、绿色贸易、服务便利化、数据跨境流动、争端解决、反腐败、国有企业和指定垄断、合作和能力建设等新议题内容。

第二节　服务贸易国际规则的基本共识

1994 年之前，国际上没有专门调整服务贸易的协定，仅在 GATT 中有少量相关条款涉及服务贸易。1994 年，各国谈判达成《服务贸易总协定》（GATS），这是第一部具有法律约束力的服务贸易规则，作为 WTO 的核心文件之一，将服务贸易引入多边贸易体制，建立了服务贸易规则的基础。GATS 生效以来，服务贸易规则在近 30 年的发展中，一些服务贸易条款被众多自贸协定广泛接受，成为服务规则的基本框架。

一、服务贸易的界定

1972 年 9 月，经济合作与发展组织（Organization for Economic Co-operation and Development，OECD，以下简称经合组织）的《高级专家对贸易和有关问题的报告》第一次出现 "Trade in Services"（服务贸易）的表述。1974 年，《美国贸易法》第 301 条款首次使用 "World Trade in Services（WTS）"（国际服务贸易）。国际货币基金组织（IMF）基于国际收支角度，将服务贸易定义为 "以国境为界进行划分的，对居住或生活、工作在另一国境的人销售的服务称作国际服务贸易"。1994 年，GATS 给出了被后来广泛接受的服务贸易的模式划分，GATS 没有对 "服务贸易" 直接给出定义，而是界定了服务贸易的 4 种模式，分别是跨境交付（模式一，指从一成员境内向任何其他成员境内提供服务）、境外消费（模式二，指在一成员境内向任何其他成员的服务消费者提供服务）、商业存在（模式三，指一成员的服务提供者在任何其他成员境内以商业存在提供服务）和自然人流动（模式四，一成员的服务提供者在任何其他成员境内以自然人的存在提供服务），这个定义被大部分自贸协定所采用。

关于服务贸易分类，GATS 按照一般国家标准（GNS），将服务贸易分为 12 个大类、近 160 个部门。12 个大类分别是商业服务、通信服务、建筑及相关工程服务、分销服务、教育服务、环境服务、金融服务、健康与社会服务、旅游及相关服务、娱乐文化与体育服务、交通运输服务和其他服务。后来的绝大部分自贸协定都沿用 GATS 的分类方式。

二、服务贸易规则的原则

服务贸易规则的原则一般而言指的是自贸协定缔约国在服务领域市场开

放中需要承担的义务，如最惠国待遇①、国民待遇②、市场准入③、禁止当地存在④、透明度⑤等。GATS 中包含最惠国待遇、国民待遇、透明度、逐步自由化⑥和市场准入等内容；NAFTA 比 GATS 增加了禁止当地存在、冻结条款和棘轮机制等条款，之后被大部分自贸协定所沿用。TiSA 还引入了技术中性、竞争中立等原则。RCEP 服务贸易领域包括国民待遇、最惠国待遇、市场准入、透明度和本地存在，同时在最惠国待遇中引入"第三方最惠国待遇条款"⑦。CPTPP 在跨境服务贸易中，要求缔约方承担 4 项核心原则，即国民待遇、最惠国待遇、市场准入和禁止要求当地存在。

在上述原则义务中，包括普遍性的原则义务和具体的原则义务，普遍义务是指适用于所有服务贸易部门，各成员达成协议后应立即无条件遵守的义务，一般将最惠国待遇、透明度、逐步自由化、一般例外等作为普遍义务。具体义务是指各缔约国根据自身条件，在具体服务领域通过与其他缔约国谈判之后达成的承诺。

三、服务贸易规则的"边境上"与"边境后"措施

服务贸易规则以是否跨越边境界限分为"边境上"措施和"边境后"措施。"边境上"措施指影响服务跨境流动的措施，主要包括市场准入、商务人员流动等内容；"边境后"措施指一国在其境内颁布的影响服务贸易的法律规定和规章制度，即国内规制，主要涉及监管一致性、当地存在、透明度、争端解决、转移和支付等内容。由于外国服务提供者到其他缔约国必须遵守当地法律法规，所以"边境后"措施会对服务贸易产生重要影响。

四、服务贸易规则的承诺方式

各缔约国履行服务贸易义务的承诺方式，分为正面清单和负面清单两种。

---

① 最惠国待遇，是指缔约方给予其他缔约方的服务和服务提供者，不低于其给予任何其他国家同类服务和服务提供者的待遇。
② 国民待遇，是指缔约方给予其他成员的服务和服务提供者的待遇，不得低于其给予本国同类服务和服务提供者的待遇。
③ 市场准入，是指缔约方对其他缔约方的服务和服务提供者进入本国市场的限制条件。
④ 禁止当地存在，是指一国不得将外国服务提供者在当地设立或维持商业存在或成为居民作为允许其通过跨境方式提供服务的前提条件。
⑤ 透明度，是指缔约方应迅速公布一切影响国际服务贸易的措施。
⑥ 逐步自由化，是指各国应逐步实现更高水平的自由化。
⑦ 第三方最惠国待遇，将最惠国待遇的适用范围扩展到 RCEP 外，即未来给予任何其他国家和地区的更加开放的部门措施要同样给予 RCEP 缔约方。

正面清单列明可以开放的部门或领域，只有列入清单的部门或领域才开放；负面清单列明不开放的部门或领域，凡是没有列出的部门都视为自动开放。正面清单往往会导致开放的"碎片化"，也难以及时反映新领域新业态的开放要求，并且要价方要论证要求东道国开放市场的合理性，往往比较困难。而负面清单具有"法无禁止皆可为"的性质，开放更具系统性，还能够自动适用于新领域和新业务，并且在谈判中东道国要论证保留特殊措施的理由，与正面清单的举证责任相反。因此，负面清单开放程度更高，是高水平自贸协定的主要体现。

五、服务贸易的例外规则

在自由贸易协定中，不同缔约国的基础条件存在巨大差异，各国都有需要保护的核心利益，如果适用一样的开放要求，势必无法达成谈判。因此，在自由贸易协定中，往往会针对一些领域、部门和义务加入限制性条款，也称为例外规则。例外规则分为一般例外、安全例外、临时保障措施和税收措施：一般例外允许缔约方采取措施减损协议中的义务，前提是此类措施对于实现既定公共政策目标是必要的，不构成任意或不合理的歧视或变相的贸易限制；安全例外确保本协议不会阻止缔约方采取其认为必要的措施来保护其自身的基本安全利益或履行其有关国际和平或安全的义务；临时保障措施确保协定不会阻止缔约方采取必要措施解决严重的国际收支困难或外部金融困难；税收措施确保协议不会阻止缔约方实施公平有效的税收制度，同时最大限度减少利用税收措施破坏关键贸易自由化承诺的可能性。

六、服务贸易的不符措施承诺表

各国将例外规则制定成保留清单或减让表，经其他缔约方同意后，所列明的领域和部门会相应地免除国民待遇、最惠国待遇、当地存在和市场准入等规定的义务。同时，为了防止各国对服务承诺表随意修改，协定一般采用冻结机制、棘轮机制对承诺表进行限制。冻结机制指禁止缔约方开放水平的反转，即承诺的修改不能降低现有的开放水平；棘轮机制指未来进一步提高开放水平后，新的开放水平成为冻结条款的新基准。这两种机制被越来越多的自贸协定所采用，成为服务贸易规则发展的趋势之一。

第三节　GATS、RCEP 和 CPTPP 服务贸易规则的差异比较

由于不同自贸协定的主导方和缔约方发展水平不同，协定达成的具体条

款也存在差异。GATS 提供了最基础的框架，CPTPP 体现了高标准规则发展的趋势。中国是 GATS 和 RCEP 的缔约方，并已正式申请加入 CPTPP，对标国际规则的重点也是 CPTPP，因此选取 GATS、RCEP、CPTPP 进行比较，具有代表性和现实意义。

一、服务贸易相关章节设置的专业性和整合度不断提高

GATS 共有 4 个部分。第一部分正文，共 6 部分 29 条，规定服务贸易的定义、范围、原则等；第二部分是 8 个附件，涉及最惠国待遇义务减免、金融服务、电信服务、专业服务、自然人流动、运输服务等领域；第三部分是正面清单承诺，各国承诺开放的具体部门或领域列表；第四部分是部长级会议决定与谅解文件。

RCEP 共有 20 章，与服务贸易有关的是第 8 章 "服务贸易" 和第 9 章 "自然人临时移动"；第 8 章包含 3 个附件，分别是金融服务、电信服务和专业服务；整个协议的附件包含金融、服务贸易、投资和自然人流动的具体承诺表。

CPTPP 共有 30 章，与服务贸易有关的是第 10 章 "跨境服务贸易"、第 11 章 "金融"、第 12 章 "商务人员临时入境" 和第 13 章 "电信服务"。CPT-PP 不再将金融服务、电信服务作为服务贸易章节的附件，而是独立成章，内容整合度更高，并将专业服务和快递服务作为 "跨境服务贸易" 的附件，被许多双边自贸协定借鉴，成为服务贸易规则的新范本。

二、服务贸易的定义和规则适用范围更加细化

GATS 对服务贸易四种模式的定义，被 RCEP 等许多自贸协定所沿用，RCEP 第 8 章 "服务贸易" 包含了 4 种模式，第 9 章 "自然人临时移动" 又对商务人员流动作了专门规定。CPTPP 认为 GATS 模式三 "商业存在" 具有直接投资的特征，因此将模式一、模式二、模式四（跨境交付、境外消费、自然人流动）作为第 10 章 "跨境服务贸易"，突出跨境属性，而将模式三 "商业存在" 纳入第 9 章 "投资" 中，使 "商业存在" 相关的服务享受投资的高标准开放承诺，更加强调了投资自由化，体现了新贸易规则将 "商业存在" 看作投资一部分的新趋势。

关于服务贸易规则的适用范围，GATS 定义为 "除政府当局为实施职能所需的服务之外的所有部门的一切服务"。RCEP 定义为 "适用于一缔约方采取的影响服务贸易的措施"，并具体列出了三个方面：（1）服务的购买、使用或

支付；（2）获得和使用与服务的提供相关的、该缔约方向公众普遍提供的服务；（3）一缔约方的人为在另一缔约方领土内提供服务而存在，包括商业存在。CPTPP 则定义为"适用于一缔约方采取、维持、影响跨境服务贸易的措施"，并在上述 RCEP 三个方面的基础上增加了两项：（1）服务的生产、分销、营销、销售或交付；（2）作为提供服务的条件，提供保函或其他形式的财务担保，将"缔约方向公众普遍提供的服务"进一步明确为"分销、运输或电信网络和服务"。相比较而言，GATS、RCEP 过于笼统，CPTPP 更加具体。

三、服务贸易条款的一般义务逐渐增多

一般义务比具体义务标准更高。GATS 中的一般义务只有最惠国待遇和透明度原则，国民待遇和市场准入属于具体义务，各国非必须遵守，要与缔约国谈判并作出特定承诺后才享有。RCEP 仍沿用 GATS 规定，在最惠国待遇规定中增加了"相关待遇、毗邻国家边境贸易、东盟国家相互给予的待遇"不列入相关缔约方需要履行的最惠国待遇义务。CPTPP 在国民待遇、市场准入方面采取"准入前国民待遇+负面清单"模式，使国民待遇原则上升为一般义务，并增加新的市场准入承诺，特别强调不应预先排除任何部门和服务提供模式，也使市场开放原则近似于一般义务。CPTPP 还规定"缔约国地方政府给予外国服务提供者的待遇不能低于其给予当地服务商的最优惠待遇"，进一步考虑到一国不同地方政府的差异，并通过棘轮条款锁定现有自由化水平，使得未来自由化水平只能更高。CPTPP 不包含 RCEP 关于最惠国待遇的豁免条款，要求更严。CPTPP 将更多原则纳入一般义务，在开放深度上，对跨境服务、电信服务、快递服务、金融服务、争端解决等方面设定更高标准，要求各缔约国无条件遵守，保障了自贸协定更高标准的一般义务和更广泛的服务贸易提供模式，体现了高标准。

四、承诺方式从正面清单向负面清单转变

GATS 在谈判时，发达国家主张采用负面清单，发展中国家主张采用正面清单，为了照顾大多数发展中国家和落后国家的利益，最终采用正面清单，这使 GATS 服务贸易的开放水平并不高。RCEP 采取正面清单与负面清单混合的方式，日本、新加坡、韩国、澳大利亚、文莱、马来西亚、印度尼西亚 7 个国家采取负面清单，其余 8 个缔约国承诺先采用正面清单，其中，中国、新西兰、越南、泰国、菲律宾 5 个国家承诺在协定生效后 6 年内将正面清单

承诺转为负面清单，柬埔寨、老挝、缅甸 3 个不发达国家承诺在协定生效后 15 年内转为负面清单。CPTPP 所有缔约国都采取负面清单承诺方式，给予服务提供者国民待遇，取消市场准入限制，自由度、开放深度和执行力度都高于 RCEP。

五、服务贸易议题更加多样并延伸到"边境后"规则

GATS 规定的议题显然已不能适应服务贸易发展趋势，后来的协定议题不断扩展。RCEP 在 GATS 议题框架基础上，增加了对知识产权、数字贸易、金融、电信、电子商务、竞争、政府采购等新议题。CPTPP 在新议题上包括数字贸易、电子商务、政府采购、竞争、国有企业、劳工、环境、透明度与反腐败等内容，并首次纳入监管一致性，在金融服务领域也增加如跨境金融信息转移、禁止金融数据存储本地化等新内容，规则理念从完全的自由化转向开放与管制并行。

这些新议题的特点包括：一是涉及新兴领域标准制定权的竞争，新议题具有前沿性，需要制定新标准，发达国家与发展中国家在数字贸易、电子商务、监管、数据管理等领域的标准制定难免产生利益竞争。二是各方对服务贸易监管要求趋严，新近的自贸协定倡导更加开放的服务贸易环境，放宽在跨境数据和资金流动方面的限制，但这也意味着会涉及更多敏感领域，关系国家主权和安全，各国采取更严格监管的必要性日益突出。三是服务贸易规则开始转向缔约方国内政策，有效的国内规制可以保障服务贸易自由化顺利推进，而无序的国内规制会对服务贸易形成障碍，各国都有必要对各国内部监管进行约束，以提高市场开放水平和透明度，减少贸易壁垒。四是引导各国完善自身法律制度，服务贸易规则日益要求监管一致性，范围涵盖金融、电信、电子商务、国内规制、透明度、自然人移动等方面，在对各国监管能力提出了更高要求的同时，也为缔约国完善新兴领域的法律制度提供了重要参考。

六、服务贸易规则对开放承诺的修改越发严格

GATS 对缔约国修改承诺表没有严格的限制措施，只规定缔约方在具体承诺生效 3 年后的任何时候都可以修改或撤销任何承诺，但要提前 3 个月通知WTO 服务贸易理事会，并向受影响的其他缔约国给予补偿，受影响方也可提交仲裁，仲裁结果可影响修改或撤销措施。GATS 的这一做法容易引起贸易混乱和争端。

RCEP 规定，承诺的相关义务仅限于该缔约方的现有措施，并在清单中确定未来自由化的服务部门或子部门 ［以 FL（Further Liberalization）标识］，在承诺中纳入冻结条款，规定对现行不符措施的修改不应降低之前的义务标准，但未在减让表中进行明确，规定显得比较单薄和粗糙。

CPTPP 有 3 个不符措施（负面清单承诺表）附件：附件 I 和附件 II 均为"投资和跨境服务不符措施列表"，附件 I 是现存不符措施，附件 II 是现在及将来不受义务约束的措施；附件 III 是"金融服务不符措施"，分为 A 节和 B节，A 节为现存不符措施，B 节为可维持现有或采取新的更严格措施。CPTPP在承诺中采取"冻结+棘轮"条款，有关开放水平的不符措施只能提高不能降低，在规则豁免与执行方面更加谨慎和高效。

第四节　RCEP 与 CPTPP 服务贸易承诺的国别差异

在自贸协定中，各国在遵守一般原则和规则的基础上，基于各自的经济社会情况、法律规定、产业基础，作出的服务贸易开放承诺存在差别，体现了不同的利益诉求。

一、服务贸易开放承诺义务的国别差异

CPTPP 不同成员在负面清单承诺涉及的核心义务上存在差别，以日本、英国、新加坡、美国（按其在 TPP 中的承诺）为例进行比较。

在现行不符措施中，如图 2-3 所示，日本、新加坡、英国以市场准入和当地存在为主；美国以国民待遇为主，部分部门的限制条件多为"是否为美国公民"。

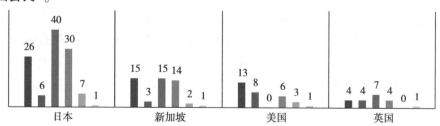

图 2-3　CPTPP 部分缔约方现行不符措施涉及义务对比

注：美国不属于 CPTPP 的缔约方，但属于 CPTPP 前身 TPP 的缔约方，下同。

（资料来源：作者根据 CPTPP 文本整理）

在未来不符措施中，如图 2-4 所示，美国和日本整体保留的核心义务较少，新加坡和英国较多，核心保留义务都有涉及，但以市场准入和国民待遇较多。

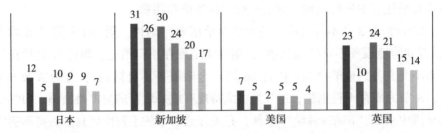

图 2-4　CPTPP 部分缔约方未来不符措施涉及义务对比

(资料来源：作者根据 CPTPP 文本整理)

二、服务贸易开放领域的国别差异

在采取正面清单和负面清单混合方式的 RCEP 中，除柬埔寨、老挝、缅甸 3 个国家外，平均承诺开放部门为 100 余个。其中，负面清单国家中，日本承诺开放部门为 148 个，新加坡为 132 个；正面清单国家中，东盟整体开放部门达到 100 个，泰国承诺开放部门为 142 个，菲律宾为 117 个，新西兰为 108 个。我国在 RCEP 中服务贸易承诺开放部门数量为 122 个，对正面清单中 28%的分部门作出了最惠国待遇承诺，对 19%的分部门作出了进一步自由化承诺，对商业存在和跨境交付完全没有限制的分部门比例为 73%和 77%。

在采取负面清单方式的 CPTPP 中，同时是 RCEP 缔约方的国家（如日本、澳大利亚和新西兰）的承诺水平与其在 RCEP 中的承诺基本相同，成员负面清单平均限制部门数量为 12 个，RCEP 服务贸易开放水平整体低于 CPTPP。CPTPP 规定，除信息安全和涉及国家利益（如政府采购，政府履职服务，政府支持贷款、担保或保险，涉及领空权的航空服务等）等明确关闭的服务部门外，其他服务部门和子部门均应向缔约国开放。日本、英国、美国（TPP 成员）等发达国家承诺对比如表 2-1 所示。

表 2-1　部分国家负面清单比较　　　　　　　　　单位：项

国家	协定	现行不符措施（CPTPP 附件Ⅰ）				未来不符措施（CPTPP 附件Ⅱ）			
		条款数目	跨境服务贸易	投资	同时涉及	条款数目	跨境服务贸易	投资	同时涉及
日本	CPTPP	56	34	15	7	14	2	2	10
新加坡	CPTPP	28	14	3	11	33	5	1	27
英国	CPTPP	11	6	1	4	26	7	1	18
美国	TPP	13	5	6	2	9	2	1	6

资料来源：作者根据 CPTPP、TPP 和 RCEP 文本整理。

各国服务贸易开放的承诺差异与其主要的产业密切相关。 美国在 TPP 中为保持其自身科技领域优势，对服务贸易的限制措施主要是加强对技术出口的限制，在科技领域（核安全、计算机技术）、运输（航空及公路运输）限制外国资本，关注主体的美国公民身份。日本由于岛国环境，依赖产品进出口，注重保护国内市场，对服务贸易的限制措施主要在民生领域，如就业、执业、教育、医疗等方面，投资限制主要以农业（林牧渔）、电信、能源、运输等敏感领域为主。新加坡由于其国际贸易港的地理位置和国际金融中心的定位，对服务贸易的限制措施集中在就业、教育、医疗等方面，投资领域以金融、运输业限制为主。英国作为传统的国际金融中心和贸易集散地，对服务贸易的限制措施以跨境服务为主，主要限制律师、会计师等职业的执业资格，以及运输和自然资源相关的部门，投资限制为商业形式和市场竞争方面。

三、自然人流动承诺的国别差异

自然人流动指一个缔约国的自然人（服务提供者）到另一个缔约国境内提供服务以获取报酬，在符合条件和申请程序后，缔约方应准予其临时入境。CPTPP 和 RCEP 规则大致相同，不同之处体现在以下 3 个方面：一是 CPTPP 支持与承认亚太经济合作组织（APEC）范围内关于增强商务人员流动性的承诺；二是 CPTPP 提议缔约方间分享电子签证系统开发、移民办理和边境安全的相关经验；三是 CPTPP 要求建立商务人员临时入境委员会，由政府代表组成，每 3 年召开一次会议，审议实施情况并讨论进一步便利措施。以上 3 个方面在 RCEP 中均没有提及。此外，CPTPP 更注重增强一般性的政策机制，程序规定明确清晰。各缔约国对商务人员流动也存在较大差别，如表 2-2 所示。

表 2-2　CPTPP 和 RCEP 部分缔约国关于自然人流动停留规定

自然人	CPTPP			RCEP
	日本	新加坡	英国	中国
商务人员	不超过 90 天，可延期	最长为 30 天	每 12 个月允许停留最长 90 天	不超过 90 天
公司内部人员	不超过 5 年，可延期（要求工作满一年和级别）	3 年，最多延长 2 年（限制公司行业）	不超过 3 年（要求工作满 1 年和级别）	首次不超过 3 年，可延期
合同服务提供者	不超过 5 年，可延期	3 年，最多延长 2 年（限制公司行业）	特定部门，以合同为准，不超过 1 年	特定部门，以合同为准，不超过 1 年
家属	审核后，配偶和子女获得与申请人同样的停留期限，允许工作	承诺表中未提及	审核后，配偶和子女获得与申请人同样的停留期限，允许工作	申请者必须获得超过 12 个月期限，配偶子女才可来华，期限不超过 12 个月，符合条件者可工作

资料来源：作者根据 CPTPP 和 RCEP 文本整理。

　　可以看出，新加坡对服务人员流动规定较为严格，对于公司内部人员限制公司行业，且允许停留期限较短，同时新加坡在 RCEP 中无 CPTPP 给予专家首次入境停留期限最长为 3 年的规定；日本人员流动自由便利程度高于英国和中国；中国限制了家属来华的申请人资格，还对一些细分类型从业者设置规定，如安装和服务人员以合同期限为准，但不得超过 3 个月。

第五节　我国服务贸易的政策制度和对外开放

　　近年来，我国加快服务贸易发展，对内完善国内政策制度，对外积极对接高标准经贸规则，以双边和多边自贸协定扩大自贸"朋友圈"，推进服务贸易领域制度型开放。

一、我国服务贸易发展现状及挑战

　　2012—2023 年，我国服务贸易总额从 4829 亿美元增加到 9331 亿美元，年均增速为 6.2%，连续 9 年位居世界第二。2023 年，我国服务进出口总额折合人民币 65754 亿元，同比增长 10%，占外贸总额和 GDP 比重分别提升到 13.6%和 5.2%（见图 2-5）。

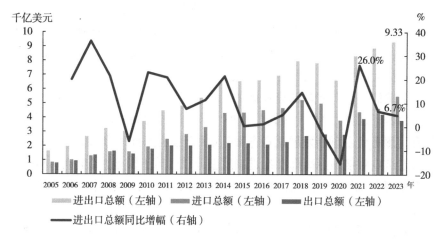

图 2-5　中国服务贸易进出口历年发展趋势

（资料来源：作者根据 UNCTAD 数据整理）

　　我国服务贸易规模虽持续增加，但仍存在两个方面挑战：**一是我国服务贸易逆差较大**，2023 年服务贸易逆差达 12041 亿元，其中，旅行、运输、金融服务为主要逆差项目，说明我国服务贸易与发达国家相比处于相对落后地位，服务贸易出口主要以劳动密集型的工程承包、运输和旅游为主，结构较为单一，出口附加值较低。**二是服务贸易在内部各区域之间发展不均衡**，2022 年，长三角和京津冀占我国服务贸易进出口额的 63%，东部地区占比为 88%，中西部地区服务贸易基础较为薄弱，仅占 9%。

二、国内服务贸易的法律体系和政策制度不断完善

　　我国服务贸易的法律制度体系大致可分为以下 4 个层次。

　　一是《中华人民共和国对外贸易法》。其作为我国对外贸易法律保障的核心，第四章"国际服务贸易"规定了服务贸易出口的管理和控制，及必须遵循的原则。该法自 1994 年颁布后经过多次修订，2004 年修订更新了加入 WTO 后新形势下服务贸易的相关管理要求，2016 年修订了旅游服务相关内容，2022 年修订删减了对外贸易经营者备案登记的规定。

　　二是各领域或各行业中有关服务贸易的法律法规。从专业领域看，与之相关的有《商标法》《著作权法》《价格法》《广告法》《公司法》等，其中《商标法》为从事服务贸易的企业提供了服务商标的申请、注册和保护；《著作权法》保障了影视、出版等服务领域的利益；《价格法》制定了有偿服务的收费依据。从行业看，相关法律法规包括运输行业的《海商法》等，银行业

的《中国人民银行法》《商业银行法》《外资银行管理条例》等，保险业的《保险法》《外资保险公司管理条例》等，其中《海商法》对海运服务贸易进行了规定；银行业和保险业的相应法律也构成了金融服务的法律基础。

三是扩大服务业开放的相关规范性文件。这类规范性文件数量庞大，既有全国范围的，也有针对部分地区的。覆盖全国范围的如《关于加快发展服务贸易的若干意见》《"十四五"对外贸易高质量发展规划》等，针对部分地区的有《服务贸易创新发展试点方案》《关于在有条件的自由贸易试验区和自由贸易港试点对接国际高标准推进制度型开放的若干措施》《全面对接国际高标准经贸规则推进中国（上海）自由贸易试验区高水平制度型开放总体方案》等。

四是推出跨境服务贸易负面清单。2018 年 9 月，上海市人民政府发布《中国（上海）自由贸易试验区跨境服务贸易特别管理措施（负面清单）》，涉及 13 个行业，共 159 条限制措施。2021 年 7 月，商务部发布《海南自由贸易港跨境服务贸易特别管理措施（负面清单）（2021 年版）》，涉及 11 个行业，共 70 条限制措施。2024 年 3 月，商务部发布全国版和自贸试验区版跨境服务贸易负面清单，涉及 11 个行业，全国版为 71 条，自贸试验区版为 68 条，标志着我国已全面建立服务贸易负面清单管理模式。

三、对外主动参与国际规则、扩大自贸"朋友圈"

截至 2024 年 9 月，我国共签署自贸协定 22 个，涉及 29 个国家和地区。2023 年，中国达成中国—塞尔维亚、中国—尼加拉瓜、中国—厄瓜多尔 3 个自贸协定及中国—新加坡自由贸易协定的升级议定书，年签订数量创新纪录。通过积极签署高标准自贸协定，升级旧有协定，一方面在服务贸易开放上实现了新突破，另一方面倒逼国内服务业提升发展水平，聚焦新发展机遇。

一是持续提高协定开放标准。内地与港澳经贸安排更加紧密，在法律、建筑、金融、检测认证、电视、电影等多个服务领域扩大内地对港澳开放，缩减限制性措施。中国—韩国自贸协定首次将金融、电信服务单独成章。中国—澳大利亚自贸协定首次设有投资者—东道国争端解决机制。中国—瑞士自贸协定在服务贸易方面瑞方首次同意规定签证、工作和居留许可的办理时限，在旅游、翻译、中医等领域作出进一步开放承诺。在中国—新西兰升级议定书中，双方扩大服务贸易最惠国待遇范围，市场准入作出更大开放承诺。

二是通过双边自贸协定试行负面清单承诺方式。我国首次在中国—尼加拉瓜自贸协定下以负面清单方式开放跨境服务贸易和投资，格式进一步规范，向 CPTPP 负面清单格式靠拢。虽然尼加拉瓜金融领域与发达国家存在巨大差距，但是对尼加拉瓜以负面清单开放金融领域具有试验性质，为未来自贸协定的服务贸易负面清单提供了新的参考基础。在中国—新加坡升级议定书中，我国将跨境服务贸易和投资全部纳入负面清单，加入棘轮机制，章节设置、结构格式和规则向 CPTPP 靠拢。中国还与韩国、澳大利亚等已签署自贸协定的国家约定开展服务贸易负面清单谈判。

四、积极推动服务贸易开放试点先行，领域不断扩大

截至 2024 年 11 月，我国已形成由 22 个自贸试验区、11 个服务业扩大开放综合试点城市、28 个服务贸易创新发展试点省（市）等组成的全方位服务贸易开放格局。

第一，自贸试验区、海南自贸港成为对接国际高标准经贸规则先行先试的制度创新地，在服务贸易多个领域扩大开放措施，发挥了重要引领作用。第二，国务院扩大服务业开放综合试点城市，形成"北京示范区+10 个扩大服务业开放试点城市"格局，加快发展现代服务业，国家层面推广 120 多项最佳实践案例，各地区先后推出 1300 多项试点任务，开展差异化探索，成为我国服务业扩大开放的试验田。第三，优化国内服务贸易战略布局。2016 年商务部提出《服务贸易创新发展试点方案》，在 28 个省市开展全面深化服务贸易创新发展试点。截至 2022 年底，28 个试点地区占全国服务贸易总额 97% 以上，推动 122 项政策举措落地见效；截至 2024 年，形成 4 批 83 项最佳实践案例。

在试点先行的基础上，近年来，我国不断放宽服务贸易行业开放标准，例如，在自然人流动方面，我国在对 54 个国家实行过境免签政策基础上，截至 2024 年 3 月，又相继对法国、意大利、西班牙等八国实行单方面免签，与新加坡、泰国生效互免签证，实施便利外籍人员来华措施等；在金融服务领域，取消银行、证券、人身险等领域的外资持股比例限制，建立外商投资"准入前国民待遇+负面清单"制度等开放措施；在医疗服务领域，我国扩大开放试点，允许在北京、天津、上海、南京、苏州、福州、广州、深圳和海南全岛设立外商独资医院等服务开放措施。

第六节　对标国际规则还存在诸多挑战

虽然我国近年来加快实施服务贸易发展战略，持续完善国内政策制度，努力提升开放水平，但在对标国际高标准经贸规则上仍存在挑战。

一、服务业开放相关法律法规需要进一步完善

《中华人民共和国对外贸易法》只作原则性规定，其他层次的法律法规主要从国内管理角度出发，对服务贸易只作了部分规定，尚存在不少空白领域，在服务审批、知识产权保护、跨境数据流动、电信市场开放、政策透明度等方面与CPTPP要求还有一定差距。例如，在知识产权保护领域，2013年新修订的《中华人民共和国商标法》中，我国商标保护仍采用申请方式，注册要求和程序也与CPTPP要求的便利化差距较大，且我国专利宽限期限为6个月，CPTPP要求为12个月。在跨境数据流动领域，我国尚难以实现数据完全自由流动，2017年颁布的《中华人民共和国网络安全法》及后来2022年正式实施的《个人信息出境安全评估办法》和《数据出境安全评估办法》等数据跨境相关的规定，仍强调数据储存本地化原则，个人和其他重要数据须存储在境内服务器，且数据出境需满足境内存储与安全评估等条件，增加了对接CPTPP的难度。在电信服务领域，2016年新修订的《中华人民共和国电信条例》及新近颁布的全国版、自贸试验区版负面清单中，增值电信市场没有完全开放，中国移动、中国电信、中国联通三大运营商还未开放共址服务，这与CPTPP要求的电信市场完全自由开放差距较大。

二、部分领域的开放水平与CPTPP相比仍存在差距

在跨境转移和支付领域，CPTPP要求缔约国对跨境转移和支付能无延迟、自由进出，但由于我国资本项目未完全开放，该项下部分资金可能通过服务贸易跨境流动，需要审核交易的真实性。由于服务贸易缺乏权威统一的交易证明，还需要发挥多方合力，探索提升服务贸易项下跨境支付的便利性。

在数据跨境流动领域，近年来，服务贸易数字化程度不断提高，以互联网、大数据为基础的服务贸易离不开数据的跨境流动，我国对数据跨境采取较为严格的控制措施，在RCEP中仅对企业运营数据提供正面许可，针对数据的本地化存储也通过技术性表述纳入外企合规性中。相比之下，CPTPP禁止数据本地化要求，对跨境数据流动没有进行特殊约束。

在电信服务领域，CPTPP采取"准入前国民待遇+负面清单"模式，要求电信市场完全开放，约束政府的"直接监管"，允许服务提供者"获得"任何缔约方领土内数据库所包含信息，或者以机器可读形式存储的信息，设立争端解决机构。我国在RCEP中不承诺具体数据的可获得性，强调政府的监管作用。

三、试点地区政策创新力度仍需深化

服务贸易先行先试虽取得了丰富成果，但仍存在以下几方面差距：一是便利化措施的创新制度层次还有待深入，主要集中于"边境上"的跨境措施，对于涉及深度开放的"边境后"措施较少，而后者是 CPTPP 规则要求的重点；二是在金融、电信、邮政和医疗等事关国家安全和民生的领域，开放较为谨慎，CPTPP 对上述领域的开放要求在实践中接受难度仍较大；三是试点地区服务贸易人才短缺，吸引外籍高级人才推进缓慢，外国人才资质认定及业务准入仍有较大限制，自贸试验区规定外国专业技术人员须备案后才能执业，对外国人资格考试种类加以限制，外国律师事务所只能设立代表处等。

四、跨境服务负面清单仍需完善

我国自主发布的负面清单管理模式仍与 CPTPP 标准存在较大差距。**一是清单格式上**，CPTPP 负面清单信息详细，包含适用部门、具体分部门、产业分类、不符措施、政府层级、法律依据和措施描述等内容；现行负面清单仅列出适用部门和特别管理措施，未包含详细信息，对措施本身缺乏说明。**二是开放水平上**，CPTPP 负面清单各国数量平均为 20 项，具体到细分业务；我国现行负面清单全国版、自贸试验区版分别为 71 项和 68 项，禁止类措施占比较大且多为行业层面。**三是具体义务上**，CPTPP 负面清单对国民待遇、最惠国待遇、市场准入、当地存在等涉及义务进行规定；现行负面清单集中在行业领域，缺乏义务描述。**四是便利性上**，CPTPP 将跨境服务贸易和投资一单列尽；我国在跨境服务和投资领域分别发布了多张负面清单，多个清单并行，给市场主体理解和政府部门执行带来不便。

五、推进自贸协定签署仍面临挑战

一是双边自贸协定签署国中缺少主要经济体，服务贸易排名前十的国家中我国仅与新加坡达成自贸协定，且面临美国等西方国家对我国采取的脱钩和去风险化的压力，我国需要在服务贸易开放度和积极拓展自由贸易伙伴国方面更进一步。二是我国现有自贸协定中服务贸易规则除了前文论述的与 CPTPP 存在的差距外，规则描述还存在较多模糊性表述和软性用语，如"努力""鼓励""尽可能""在可行情况下"等建议式表达，CPTPP 中则多为"要求""应当""不得""任何"等约束性表达，虽然模糊表述是考虑到我国和缔约国的发展阶段和利益预留的空间，但严谨表达是高标准自贸协定的体

现，也是协定开放度、约束力和执行力的保证。

第七节　政策建议

基于当前我国服务贸易领域的发展现状和面临的挑战，为对接高标准服务贸易规则、推动服务贸易体制创新和高水平开放、实现服务贸易高质量发展的战略目标，可在以下方面采取措施。

一、进一步完善服务贸易法律制度体系

深化服务贸易管理制度改革，以高标准经贸规则为参考系，更新完善已颁布政策，弥补相关领域法律空白，为对接国际规则夯实基础。

首先，仔细研究现行法律体系与 CPTPP 规则的差距，特别是关注 CPTPP 等高标准协定中的例外规则。对于服务贸易规则的共识和基本要求，我国在 RCEP 中已大部分沿用和接受，而加入 CPTPP 的关键是提出合理的例外规则和负面清单。

其次，健全监管体系，协调统一央地法律实施，简明政策制度。例如，针对《服务贸易国内规制参考文件》要求，设置合理、公正、清晰的程序，提高政策透明度，公开信息获取渠道，及时处理申请，广泛听取利害关系方意见，建立公平竞争的营商环境。

再次，根据具体短板完善管理政策。如建立数据分级制度，完善数据流动法规；建立国际争端解决机制；对接国际知识产权保护和商标使用规定；探索将准入前监管变为准入后监管；在跨境转移和支付方面扩大资本项目开放力度，提升服务贸易项下支付的便利程度。

最后，严格落实执行承诺，解决"准入不准营"等执行性问题。落实我国已作出的国际承诺，出台法规予以支持，同时关注国际上对我国不利的规则，在法律层面予以反制，从而为对接 CPTPP 创造充分的制度环境，推动制度型开放。

二、探索整合服务贸易负面清单

采取负面清单方式进行服务贸易开放承诺，既是高水平开放的趋势，也是高标准规则的体现，还是我国履行 RCEP 承诺和加入 CPTPP 的迫切需要。

第一，要平衡好自主公布的负面清单与协定达成的负面清单的关系，即平衡好自身发展国情和协定承诺减少负面清单数量的关系。一方面，扩大服

务贸易开放水平，减少禁止类措施占比，缩减限制数量；另一方面，中国是大型经济体，对于一些关系国家、产业和民生安全的领域，要立足我国实际情况和核心利益，不能盲目对标，一味追求减少负面清单数量。

第二，对标 CPTPP 等高标准协定的负面清单格式。以落实 RCEP 从正面清单转为负面清单的要求为抓手，以中国—尼加拉瓜自贸协定的负面清单为基础，细化具体内容，列明相关法律、涉及义务、详细描述等内容，增强透明度，提升投资者预期的稳定性；加入棘轮机制，保证开放水平只进不退。

第三，建立负面清单的"统一视图"。目前，我国存在多张负面清单，在对外开放上，既有外商直接投资准入负面清单，也有跨境服务贸易负面清单，并且每张清单还有全国版、自贸试验区版、海南自贸港版等内容，各个版本的内容大部分相同但同时存在局部差异；在对内建设统一大市场方面，有市场准入负面清单，既覆盖内资企业，也覆盖外资企业，其要求与上述两张负面清单又有重叠和差异，为解读和实施增加了难度。因此，亟待将几种不同的负面清单进行整合，建立清晰的负面清单"统一视图"，避免给市场主体带来不便和困惑，使负面清单成为执行性更高的管理规定。

三、扩大服务贸易各领域制度型开放

服务贸易开放的关键是"边境后"管理措施的开放，应进一步放宽服务贸易准入标准，有序探索服务业高水平开放。

第一，在确保国家利益和安全的基础上，对标 CPTPP 等国际高标准经贸新规则，扩大在电信、金融、运输、邮政、医疗、专业服务等领域的开放，包括各行业领域的经营牌照、准入许可和业务范围等规定。正面清单是先承诺后立法，负面清单是先立法后承诺，所以要以开放倒逼国内制度改革，把政策提升为法律法规，完善相关制度，增强稳定性，推动制度型开放。

第二，针对敏感领域的开放，建立多级分类管理制度。对标 CPTPP 的技术性要求，提升开放效率，平衡好开放与风险，如《上海市落实〈全面对接国际高标准经贸规则推进中国（上海）自由贸易试验区高水平制度型开放总体方案〉的实施方案》的"便利金融数据跨境传输"中提到，金融机构开展数据出境工作，应按照数据分类分级管理及数据安全工作要求，开展数据出境安全评估、个人信息保护认证和个人信息出境标准合同备案，保证重要数据和个人信息的安全。

第三，将互联网、大数据、区块链和人工智能等新兴数字领域开放融入国际服务贸易领域，加大政策支持和资金投入，完善相关管理机制，注意保

护本国民营产业，引导服务业向高端领域、人工智能和数字化相结合，提高我国在全球价值链中的分工位置和参与度，使新兴数字技术成为推动我国服务贸易高质量发展的强劲动力。

四、推动自贸试验区等创新平台试点

发挥好自贸试验区、海南自贸港、服务业扩大开放综合试点、服务贸易创新试点等特殊区域的试验田作用。针对短期内在全国改革、推行难度或潜在风险较大的政策，可在海南自贸港、上海临港新片区等前沿开放试点地区先行先试。例如，金融领域的新金融服务①开放、跨境资金流动自由便利；电信领域的数据共享机制、电信商共址服务、数据流动开放等；自然人流动领域的提升商务人员跨境便利性、扩大免签国家数量、延长停留时间、加强跨国人才培养和国际交流等。在试点过程中，中央部委可以根据试点的范围、目标、进展给予试点区域更多授权，推进更大力度开放，并及时总结试点经验，在全国复制推广。

五、提升我国在服务贸易规则重构中的影响力

落实党的二十大报告提出的"构建面向全球的高标准自由贸易区网络"的部署，积极推动双边、区域自贸协定的签署，在对接国际规则中扩大国际影响力和话语权。

第一，主动提出或接受有助于提升我国服务贸易开放水平、符合我国战略目的并且愿意开放的高标准条款。例如，在已有或新增的双边自贸协定中逐步转为负面清单，并提升技术性标准；贸易规则表述向 CPTPP 的约束性语句靠拢，减少模糊措辞和软性表述等。

第二，注重在前沿议题上增强话语权和引领力。例如，抓住数字经济和绿色经济发展机遇。在数字领域，中国数字经济规模巨大，跨境电商交易活跃；在绿色服务贸易领域，中国走在全球绿色发展前列。建议通过深度参与上述新兴服务领域，并且不断提高我国在这些领域的产业实力，来引领国际标准和规则的制定。

第三，积极扩大与共建"一带一路"国家和地区、东盟和非洲等友好伙伴的服务贸易合作，签署自贸协定，建立自由贸易区，扩大自贸"朋友圈"，在服务贸易规则重构中争取更多的支持者。

---

① 新金融服务是 RCEP 与 CPTPP 中的一个专门概念，指尚未在该缔约方领土内提供但已在另一缔约方领土内提供的金融服务，且包括一金融服务的任何新交付方式或销售该缔约方领土内尚未销售的一金融产品。

第三章　国际投资规则比较和
我国对接建议

国际投资是全球产业链形成和扩张的手段，是经济全球化的驱动力。随着国际政治经济格局的变化，尤其是发展中国家经济自主权的增强，以市场准入和投资者保护为核心的跨境直接投资规则也在持续演变。当前，贸易保护主义抬头，地缘政治冲突乃至军事冲突加剧，全球产业链深度调整，主要经济体在不同领域比较优势的变化，更增加了国际投资规则调整的迫切性。

中国已经成为全球最大的外商直接投资流入国。中国逐步放开市场准入，改善营商环境，并通过加入 WTO、签署自由贸易协定等多种方式对接国际规则，建立健全法律法规。在当前国际投资规则的调整中，中国既需要主动对接高标准规则，进一步扩大制度型开放，同时也需要积极应对乃至主动设置新议题，引领国际规则的调整。

第一节　投资国际规则的演变历程

跨国投资的历史可以追溯到 19 世纪 70 年代，彼时正处于工业革命蓬勃发展的殖民时代，英、法、德等殖民国家对其海外殖民地进行直接投资以获取回报。现代国际投资规则发端于第二次世界大战后的全球化进程加速时期，经过发展演变逐渐形成了包括双边投资协议（BIT）、区域自贸协定（RTA）中的"投资"章节以及国际组织推行的多边投资协议（MAI）等的投资规则体系。

一、第二次世界大战后平衡投资者与东道国的诉求

第二次世界大战结束后，全球化进程加速，跨国企业进入国际市场的方式不再局限于进出口贸易，直接在海外投资建厂日益普遍，最初主要依托国家间的友好通商条约，但其不是专门的投资协议，不能适应国际投资的快速发展。在此背景下，双边投资协定应运而生。1959 年，世界上第一个双边投

资协议"德国—巴基斯坦双边投资协定"签订。随后英、法、荷等欧洲国家纷纷跟进，签订了诸多双边投资协议。国际上的投资规则逐渐形成了以欧式双边协定为主导的发展趋势。在多边层面，1966 年世界银行《关于解决投资争端公约》（华盛顿公约）正式生效，公约设立解决投资争议国际中心，为各缔约国和其他缔约国的国民之间的投资争端提供调停和仲裁的便利，成为第二次世界大战后最早的处理投资争端的国际性体制。

在这一时期，吸收投资的东道国主要是第二次世界大战后刚刚独立的发展中国家，普遍重视国家政治及经济上的独立，较为看重对外资的管辖权。而作为主要输出投资的发达国家，向刚独立的发展中国家投资通常会面临东道国不稳定的政治经济环境，资本被东道国征收或国有化的风险较大，投资者更关心投资安全与法律保护问题。在此背景下，这一时期以欧式双边投资协议为主导的国际投资规则强调平衡投资者与东道国的利益，在给予东道国充分的外资管辖权的同时，也注重对外资的保护，具体体现在以下三个方面：**一是"准入后国民待遇+正面清单"的模式**，该模式下给予了东道国决定外资能否进入的权利，外资进入后的监管遵循东道国法律体系，并且国民待遇、最惠国待遇也是在外资准入后和设立阶段才开始实施。这种模式尽管在投资自由化方面有所缺失，但是充分考虑了发展中国家对主权保护的需求。**二是设置征收、国有化及转移等条款保护外资**，为了保障投资者的资金安全与合法权利，欧式双边投资协议普遍设立防止东道国征收或国有化投资者资产的条款，以及禁止东道国限制投资者的本金和利润转移。**三是国家与国家间争端解决机制**，尽管华盛顿公约为国家与投资者之间提供了争端解决的平台，但这一时期以欧式双边投资协议为主导的国际投资规则，在处理投资争端的实践中，通常由东道国的行政及司法程序解决，这一机制在一定程度上保护了东道国的外资管辖权。

二、20 世纪末更加注重保护投资者利益

20 世纪 80 年代，随着全球化进程的深化，投资协定开始更加关注投资自由化。此外，由于此前的投资实践中一些发展中国家通过征收，国有化了部分外国投资者的财产，引起了投资者对投资保护更强烈的呼吁，在投资协定谈判中占主导的发达国家寻求建立更进一步的投资保护机制。

1988 年，世界银行发起成立多边投资担保机构（MIGA），向外国私人投资者提供政治风险担保，并向缔约方政府提供投资促进服务。1992 年，美国、加拿大、墨西哥签署《北美自由贸易协定》（NAFTA），强调更加开放的投资

环境以及更加严格的投资保护，引入了准入前国民待遇等内容。1995年，世界贸易组织推出以促进投资自由化为宗旨的《与贸易有关的投资措施协议》（TRIMs），要求各成员实施与贸易有关的投资措施，不得违背GATT的国民待遇和取消数量限制原则。1995年，经济合作与发展组织（OECD）启动多边投资协定谈判，但最终仅在1998年形成了一个主张高度投资自由化及投资保护的草案。

这一时期，跨境直接投资规则更关注对投资者权利的保障：**一是实行准入前国民待遇**，将国民待遇和最惠国待遇延伸到了准入和设立前，该模式提高了投资协定的开放程度，但同时削弱了东道国对外资的管辖权。**二是投资者—国家争端解决机制（ISDS）更广泛采用**，在外国投资者与东道国产生纠纷时，利用国际仲裁机构对东道国提出具有约束力的仲裁程序，进一步削弱了东道国的权力。**三是定义、征收等条款顺应投资自由化及投资者保护等发展趋势**，投资协定对于投资的定义更加宽泛。征收条款也成为投资协定的发展趋势，普遍规定除了基于公共利益外的原因不得征收，如征收要对外资给予补偿。同时，投资者的本金与利润转移也向着更自由化的方向发展。

这一时期，国际投资规则变革的出发点是维护资本输出国的利益，在外资准入、审查和管理等方面削弱了东道国的外资管辖权，实现了更加严格的投资保护以及更高水平的投资自由化，促进了直接投资国际规则更加开放，但是发展中国家并不能很好地适应这种变革，产生了许多分歧与矛盾。这种矛盾使OECD于1995年5月发起的多边投资协定（MAI）谈判在1998年10月宣告失败，阻碍了国际投资规则体系朝着多边化方向发展，导致之后投资国际规则的发展呈现碎片化趋势。

三、21世纪国际投资规则新趋势

2008年国际金融危机后，全球政治经济格局发生演变，发展中国家对世界经济增长的贡献程度提升，以中国为代表的发展中国家逐渐成为主要的资本输入国和重要的资本输出国，发展中国家和新兴经济体呼吁在国际投资规则中获取更公平的权利，发达国家则通过力推新一代国际规则来巩固自身规则制定者的地位。2009年，《里斯本条约》生效，欧盟取得了对外签署投资条约的权利。2012年，美欧发布《关于国际投资共同原则的声明》，呼吁更广泛的市场准入、在准入前和准入后均推行国民待遇。美国在2012年推出的双边投资协定（BIT）范本更是成为国际主流的高水平双/多边投资协议的重要参考，美国主导的《跨太平洋伙伴关系协议》（TPP）、《跨大西洋贸易与投资伙伴关系协定》（TTIP）等区域合作协议均主要参照此范本。

在现有的众多国际协定中，RCEP 与 CPTPP 中的"投资"章节覆盖范围广泛，条款内容体现新一代变革趋势，成为国际高标准投资规则的代表，呈现以下特点：**一是延续高标准的投资自由化。**投资的定义方面呈现更加宽泛的特点，以及"准入前国民待遇+负面清单"的模式成为主流高水平投资国际规则的共识。**二是负面清单制度更加普及。**在 RCEP 中，尽管缔约方中有较多发展中国家，但是全部采用投资准入前国民待遇加负面清单模式。**三是平衡投资保护与东道国外资管理权的关系。**在延续征收与补偿条款的同时，也关注东道国基于公共利益的外资管辖权，联合国贸易与发展会议（UNCTAD）在《2012 年世界投资报告》中明确提出了管辖权是外资投资政策的核心原则之一。**四是限制投资者—国家之间争端解决机制。**此前 ISDS 在实践中暴露出一些问题，如缺乏透明度、制约东道国的外资管辖权、仲裁庭一些条款存在争议等，如今的自贸协定对于 ISDS 机制的引进更加谨慎。**五是强调竞争中立。**2012 年，美欧在联合发布的《欧盟与美国就国际投资共同原则的声明》中指出，支持 OECD 在竞争中立领域的工作，强调国有企业和私营企业在市场上进行公平竞争。2012 年美国推出的双边投资协定范本还特别制定了针对国家主导性经济的条款，强调竞争中立原则。**六是引入更多新兴议题。**包括更高的透明度、投资者义务、企业社会责任、知识产权、竞争政策、公共治理与机构等一系列新议题。

四、多边国际投资规则的新突破

2024 年 2 月，由中国牵头发起的《促进发展的投资便利化协定》（以下简称《协定》）在 WTO 的投资便利化专题部长会议上正式达成，成为首个全球性多边投资协定。《协定》以发展为核心，旨在增强各国投资政策透明度、简化投资审批程序、加强投资领域国际合作、推动全球投资流动更加顺畅。《协定》的达成是 WTO 体系下国际多边投资规则构建的重大突破，也体现了我国在国际投资规则体系构建中发挥着越发重要的作用。

《协定》的达成将带来一系列重要影响。**一是有利于国际多边投资规则体系的形成，**目前已有 127 个 WTO 成员加入《协定》，超过 WTO 成员的四分之三。虽然美国缺席，但欧盟、日本、加拿大、巴西等经济体的参与使《协定》成为在 WTO 框架下具有国际影响力的多边投资协定。**二是提高 WTO 谈判功能的影响力。**《协定》的达成说明了尽管当今国际投资规则存在分歧，但WTO 仍能提供一个促成各方达成共识的平台。**三是带来直接经济收益，**根据商务部援引相关机构估算,《协定》可为全球直接带来高达 1 万亿美元的经济增长收益,主要将造福大部分中低收入国家和发展中国家。**四是提高中国话语权**,《协定》的达成是中国方案引领高标准国际规则构建的重要实践,吸引了广大国家加入并赢得了广泛好评,提高了中国在国际舞台上的发言权和影响力。**五是为中资企业海外投资提供制度性保护**,在美方挑起贸易摩擦,打压中方企业正常贸易投资的背景下,《协定》将对保护中企的海外利益发挥有力作用。

五、投资国际规则演变特点

现代双边及多边贸易协定中的投资条款的具体内容,经过多年发展已形成一套较为统一的国际范式。早在 1992 年,NAFTA 就引入了准入前国民待遇、高水平投资者保护等内容。2012 年,美国主导的双边投资协定范本成为国际主流高水平双边、多边投资协议的重要参考,CPTPP 的前身 TPP 在"投资"章节设计上正是参考了美国的双边投资协定范本和 NAFTA,CPTPP 的"投资"章节继承了 TPP 的大部分内容(Broude 等,2017)。而 RCEP 的投资规则是在原有的 5 个"东盟 10+1 自贸协定"投资规则基础上整合而成。其在参考国际范式的同时,部分内容也体现了由于缔约方发展阶段不同而作出的相应平衡。RCEP 的"投资"章节在与国际标准接轨的同时也体现了许多亚洲特色(王彦志,2021)。

回顾从第二次世界大战结束后至今的国际投资规则发展历程,有以下特点:**一是从双边到多边**,早期的国际投资规则主要通过双边投资协议(BIT)建立,在两国之间建立投资保护的法律框架。随着全球化的加深,NAFTA、CPTPP、RCEP 等区域性诸边投资协定逐渐兴起,2024 年首份全球性多边投资协定《促进发展的投资便利化协定》达成,全球投资合作的深度和广度有所提升。**二是规范化和制度化**,投资协定中的条款越来越详尽,市场准入、投资促进和争端解决等条款越发规范。公平和公正待遇、最惠国待遇以及直接和间接征用的补偿等条款逐渐发展成规范化的投资保护体系。**三是开放程度不断提高**,从"准入后国民待遇+正面清单"模式到"准入前国民待遇+负面清单"模式的转变使国际投资环境更加开放。**四是合作与竞争并存**,尽管国际投资规则总体上在朝着开放、多边以及规范的方向发展,但主要经济体之间的竞争长期存在。美国试图通过主导更高的国际投资规则标准,将中国等发展中国家排除在国际投资体系之外。

第二节　国际投资规则的共识

国际投资规则包括投资促进与便利、投资准入、负面清单、投资者保护、东道国权利、争端解决机制等。由于国际投资规则面临多边主义与单边主义、去政治化与泛政治化、确定性与灵活性、集中化与去中心化等一些突出的矛盾，在东道国权利、争端解决机制等方面未能在国际上形成明确一致的共识，但是一些涉及各方利益争议较小的议题，如投资促进与便利、投资准入、负面清单、投资者保护等方面基本形成了比较一致的规则，构成了国际主流高标准投资协定的基本框架。

一、投资促进与便利化

投资促进条款主要包括鼓励相互投资、组织投资促进活动、加强信息交流等；投资便利化条款主要包括简化投资申请和审批程序、促进信息传播、设立联络点或联络中心、提供许可和经营执照便利等。这些条款多数是原则性要求，对缔约方没有硬性约束，所以各国对此类条款普遍接受。在国际投资硬性壁垒不断削弱的趋势下，投资促进和便利化有益于削弱国际投资规则的软性壁垒，是当前主流国际投资规则的趋势。

在以美欧为主导的国际投资规则体系下，投资促进与便利一直以来都是被鼓励的方向。CPTPP 延续了 TPP 对于投资促进与投资便利化一向开放的表述态度，在竞争性与营商便利化章节规定了详细的投资促进与便利化条款。RCEP 也作出了对于投资促进与便利化方面明确的表述，在"投资"章节中专门设置了投资促进与投资便利化条款，提出缔约国应为各种形式的投资创造必要的环境、简化投资申请及批准程序、促进投资信息的传播、设立或维持联络点等。

透明度要求为投资促进与便利化的推进提供保障。透明度条款最早由美国积极引入并推动加入投资协定中，目前已经被各方普遍接受，成为投资协定中的基本条款。如 RCEP 中的透明度条款规定了公布、提供信息、行政程序、审查与上诉的内容，其内容与 CPTPP、《综合性经济贸易协议》（CETA）等基本相似，条款具体而详尽。

二、投资准入自由化

投资准入自由化包括投资准入待遇、禁止业绩要求、高管董事会人员国籍等要求。当前，RCEP、CPTPP、CETA、USMCA 等国际高水平投资规则均采用了"准入前国民待遇+负面清单"的投资准入自由模式，在投资准入方面更加开放。

国民待遇与最惠国待遇方面，国际投资规则从"准入后"发展到如今的"准入前"，外国投资者在设立、取得、经营、出售或处置等方面普遍享受全过程的国民待遇和最惠国待遇。禁止业绩要求方面，尽管美国等发达国家主导的投资协定普遍超出 WTO 标准，而发展中国家接受禁止业绩要求义务的程度较低，但将禁止业绩要求列入投资协定条款中已成为普遍共识。高管与董事会人员国籍条款方面，国际投资协定普遍规定不得限制高管人员国籍，同时规定在不损害外国投资者控制的前提下，可以限制董事会或委员会部分成员的居民身份或国籍。

三、投资准入负面清单

从正面清单到负面清单是新一代投资规则的发展趋势，当前国际高水平协定均采用负面清单模式。投资准入负面清单在投资设立及取得环节普遍给予缔约方投资者国民待遇和最惠国待遇等的基础上，允许缔约方在特定条件下，如出于国家安全、公共健康、环境保护、文化保护等方面的考虑，以清单方式列出对特定部门采取的具体限制措施。

国际高水平协定中的投资准入负面清单有以下特点：**一是明确领域范围**，负面清单明确列出外国投资者不得进入或受到特殊限制的行业或领域，通常情况下，负面清单对国民待遇、最惠国待遇、禁止业绩要求、高级管理人员和董事会条款的不符措施进行保留，但"投资"章节的其他义务不得保留。**二是国家安全或公共利益的考虑**，现行的负面清单普遍会基于国家安全、公共利益或经济稳定的考虑，对某些关键领域或敏感行业进行限制，反映了各国在吸引外资的同时注重维护自身的核心利益和稳定。**三是区分现行和将来的不符措施**，如 RCEP 为清单 A 和清单 B，CPTPP 为清单Ⅰ和清单Ⅱ。第一张清单列出了现行不符措施，第二张清单列出了维持现有的或采取新的或更严格的不符措施。**四是逐渐放宽的趋势**，各国的负面清单的长度逐渐缩短，开放程度持续提高。**五是冻结条款和棘轮条款**，冻结是在协议生效后，缔约方对不符措施的修改不得低于其负面清单的承诺水平；而棘轮机制是在协议生效后，缔约方对不符措施的修改只能减少对外资的限制。冻结和棘轮机制现普遍适用于国际高水平投资规则，其目的是确保缔约方的负面清单承诺不会发生倒退，创造更开放和透明的投资环境。

四、投资者保护

投资者保护是国际投资规则的重点，以转移、征收、补偿、代位、公平公正待遇、利益拒绝等条款保障投资者权利。**转移方面**，尽管不同投资协定对于限制转移的要求不同，但高水平投资协定原则上普遍强调投资者资本的自由流动和转移，并通过具体的转移条款内容，明确东道国的监管范围以及外资合法的转移权利，为投资者的资金、利润和其他相关收益能够自由、及时地跨境流动提供制度上的保障。**征收方面**，高水平投资规则趋向于采取更为严格的标准来定义征收行为，不仅包括直接的征收行为，还扩展到间接征收或相当于征收的措施。同时，投资协定也普遍会强调东道国政府应基于公共利益的需要进行征收，并遵循正当法律程序，确保征收行为的合法性和透明度。**补偿方面**，高水平国际投资协定普遍强调投资者在征收事件中有权获得及时、充分和有效的补偿，补偿标准按照被征收投资在征收前的公平市场价值进行计算，以确保投资者不会因征收而遭受不合理的损失。**代位方面**，投资者在获得补偿后，东道国政府获得对于被征收的投资及相关权利或索赔的代位权。这有助于在投资者获得应得的补偿的同时，维护东道国政府的管理权和公共利益。**公平公正待遇方面**，投资规则普遍强调东道国为外国投资者提供的待遇必须是公正和公平的，通常包括非歧视性待遇和程序性公正的要求，同时要求东道国在司法和行政过程中提供透明、可预测和稳定的法律环境，确保投资者的合法权益得到保障。这要求东道国在对待外国投资者时，应当避免任何形式的任意性、歧视性或不公平的做法。**利益拒绝方面**，投资规则中通常允许东道国在特定情况下拒绝给予外国投资者某些利益或保护。这些特定情况可能包括投资者存在违反东道国法律、法规或公共道德的行为，或者投资者通过欺诈、虚假陈述等手段获取投资利益等。利益拒绝条款的目的是防止滥用投资协定，确保协定仅适用于那些真正值得保护的投资者和投资活动。

投资者—国家争端解决机制（ISDS）是一种旨在保护外国投资者免受投资国政府的不公平对待的法律保障和争议解决机制，为外国投资者在与东道国发生纠纷时提供了一个独立的争端解决途径，不必依赖东道国的国内法院体系，可以通过 ISDS 机制对该国进行起诉。ISDS 机制具有 3 个特点：**一是独立仲裁**：用来处理投资纠纷的独立的仲裁机构或法庭通常由双方共同选择的独立仲裁员组成。**二是国际法准则**：ISDS 机制通常基于国际法原则，如公平与公正待遇、国民待遇、不歧视等，以确保对投资者的公平对待。**三是赔偿**

与**救济**：如果仲裁机构判决国家政府违反了投资协定，ISDS 给予外国投资者对东道国直接提起国际请求的权利，国家可能被要求向投资者提供赔偿或其他救济。

第三节　RCEP 与 CPTPP 中投资规则的差异

跨境直接投资国际规则虽然形成了诸多原则性共识，但不同协定由于缔约方构成不同、矛盾和利益冲突不同，投资条款存在差异。在国际上众多投资协定中，比较 RCEP 与 CPTPP 投资规则的差异对于我国现阶段对标高标准投资规则具有重要的现实意义：一是我国已经加入的 RCEP 在一定程度上代表了中国对外开放程度的最高水平，且我国正积极申请加入 CPTPP；二是二者都是重要的区域性多边协定，覆盖范围广、缔约方数量多且影响力大，都有规范且详细的投资条款；三是RCEP 与 CPTPP 缔约方发展水平不同，对其进行比较能较好地分析不同发展水平的地区对高水平国际投资规则在实践中呈现的不同特点。

一、在投资促进与自由便利方面 RCEP 接近 CPTPP

RCEP 的 15 个发展水平存在差异的缔约方全部采用了投资 "准入国民待遇+负面清单" 模式，在形式上做到了与 CETA、CPTPP 等高水平规则相同，具体条款的投资促进与便利化水平也接近一些以发达国家为主要缔约国的投资协定。

尽管 RCEP 在投资促进与自由便利方面总体接近 CPTPP 的水平，但仍然存在一些具体的不同：**一是定义的范围**。RCEP 在对于 "投资" 的定义方面没有列举 CPTPP 中包括的 "企业" 以及 "期货、期权和其他衍生品"，对于这二者并没有明确是否排除，可能带来投资进入的不确定性。**二是利益拒绝**。RCEP 对于受保护投资者的限制比 CPTPP 更加严格，对投资者资格的认定不仅考虑了投资者本身的条件，还额外考虑了投资者所属国与 RCEP 缔约方之间的外交关系等因素，增加了受保护投资者的筛选难度和限制范围。**三是投资准入待遇**。CPTPP 相较于 RCEP 进一步明确了缔约方采取可能不符合外国投资者期待的行动，以及缔约方未发放或修改、减少补贴和赠款不构成对投资待遇条款的违反。**四是禁止业绩要求**。RCEP 与 CPTPP 相比，仅将货物贸易纳入禁止业绩要求，没有将服务贸易纳入，也没有在禁止业绩方面有关技术购买、适用和优惠方面的规定。

二、投资负面清单的开放程度 RCEP 不及 CPTPP

RCEP 与 CPTPP 在投资负面清单上的差距主要体现在以下几个方面：一**是形式方面**，RCEP 仅采用投资负面清单，而 CPTPP 采用了投资与跨境服务贸易一张负面清单的形式。**二是清单格式方面**，RCEP 负面清单包括部门分类、特别管理措施描述等；而 CPTPP 负面清单内容更为详尽，包括部门、分部门、产业分类、政府层级、相关义务、不符措施描述、措施来源（法律依据）等。**三是缔约方例外方面**，CPTPP 中，除越南外全面采用棘轮机制。RCEP 中，柬埔寨、印度尼西亚、老挝、缅甸、菲律宾承诺"修订不降低该措施与本协定生效之日已经存在的措施的一致性"，其他缔约方则承诺协定生效 5 年内实行棘轮机制，之后实行与前 5 国相同的承诺。**四是服务业覆盖方面**，RCEP 中印度尼西亚、泰国、越南、缅甸、柬埔寨、菲律宾、老挝和中国 8 个国家的投资负面清单未包括服务业，而 CPTPP 的负面清单覆盖了所有部门。**五是保留程度方面**。RCEP 除了中日两国外，其余 13 个缔约方 B 类清单（未来不符措施）的不符措施数量均多于 A 类清单（现有不符措施），体现出多数缔约方更愿意保留更多采取新措施的权利，灵活适用不符措施，但这为外国投资的进入带来不确定性。而 CPTPP 缔约方中清单I（现有不符措施）和清单II（未来不符措施）的数量则较为平衡。CPTPP 的 11 个初始缔约方中 5 个国家的现有不符措施数量大于未来不符措施数量，而 RCEP 中仅中国和日本现有不符措施数量大于未来不符措施数量（见表 3-1）。负面清单保留程度方面的差距在一定程度上可以反映出 CPTPP 缔约方对外资准入限制的确定性高于 RCEP。**六是禁止和限制行业方面**。禁止类是指完全禁止外国投资者进入的行业或领域，无论是通过设立新企业，还是通过并购等方式获得现有企业的股份或控制权。限制类则涉及那些对外国投资者设置了特定条件或要求的行业或领域，这些条件可能包括外资比例上限、合资经营要求、特定的审批程序等。CPTPP 对禁止类投资保持较为严格的控制，在限制类投资方面也设定了较高的标准，所有限制和禁止措施都明确列出，减少不确定性。RCEP 对于禁止类投资的处理更加灵活，一些缔约方基于国家安全、文化保护和公共秩序等因素，保持对某些行业的完全关闭。从领域来看，RCEP 的禁止类涉及军工、媒体和出版、电信核心网络等涉及国家安全和文化安全的领域；CPTPP 的禁止类也主要集中在涉及国家安全的敏感领域，但数量较少。RCEP 的限制类集中在农业、资源开采（如矿产资源）、特定的制造业（如汽车制造）、服务业（特别是金融服务、电信服务）等，限制包括外资比例限制、合资要求等。CPTPP

缔约方也普遍在金融服务、电信等领域设立准入条件，但总体上比 RCEP 缔约方更少、更精细。总的来说，RCEP 和 CPTPP 缔约方在投资负面清单管理上的差异，反映了它们在经济一体化和市场开放策略上的不同取向，以及对缔约方经济特性和发展需求的不同考虑。

表 3-1　RCEP 与 CPTPP 投资领域各缔约方负面清单不符措施数量　单位：条

RCEP				CPTPP			
RCEP 成员	清单 A	清单 B	合计	CPTPP 成员	清单 I	清单 II	合计
柬埔寨	10	12	22	秘鲁	13	11	24
中国	12	11	23	澳大利亚	10	14	24
老挝	10	16	26	智利	11	14	25
菲律宾	11	16	27	加拿大	14	15	29
泰国	10	22	32	马来西亚	17	16	33
新西兰	7	27	34	日本	22	12	34
印度尼西亚	17	17	34	新西兰	9	27	36
越南	3	32	35	墨西哥	35	5	40
日本	23	15	38	新加坡	14	29	43
缅甸	16	23	39	文莱	27	20	47
澳大利亚	19	23	42	越南	33	35	68
韩国	11	49	60				
马来西亚	20	47	67				
新加坡	28	40	68				
文莱	37	47	84				

资料来源：作者根据 RCEP、CPTPP 附件整理。

三、RCEP 投资者保护力度不及 CPTPP

一是投资者—国家争端解决机制（ISDS）。CPTPP 采纳 ISDS，RCEP 没有采纳 ISDS。2015 年 RCEP 还在谈判阶段时，只有中、日、韩 3 国明确支持 IS-DS 并各自提出了对 ISDS 条款的建议，2019 年在新西兰、印度（后退出谈判）、印度尼西亚、马来西亚的坚持下，RCEP 各谈判国同意暂时将 ISDS 条款排除在协议之外。二是征收程序。RCEP 并未规定特定的征收条件和程序，仅要求各缔约方尽量遵守国际惯例和法律程序，确保征收符合公平、透明、非歧视等原则。而 CPTPP 在"投资"章节中明确规定了征收的条件和程序，包括征收必须符合公平、合理和非歧视的原则，征收前应提供充分的透明度和机会供投资者申诉，并要求征收前应经过合理的法律程序。**三是补偿规定。**RCEP 并未明确规定征收时是否需要提供补偿给受影响的投资者，补偿问题由各缔约方根据国内法律和政策自行决定。CPTPP 则规定，在征收时应当提供公正、合理、及时的补偿给受影响的投资者，以确保他们不因征收而遭受不当损失。**四是非歧视待遇。**非歧视待遇规定所有缔约方都应受到平等对待，没有特殊优惠或歧视。CPTPP 则明确规定，公共福利目标不应作为给予特定缔约方非歧视待遇例外的理由。然而 RCEP 在决定是否给予某个缔约方特定的优惠或限制时，会全面考虑所有相关因素，包括这些优惠或限制是否符合公共福利目标。

四、对承担发展义务方面的新兴议题关注 RCEP 不及 CPTPP

高水平投资国际规则引入了一些覆盖范围更广的新兴议题，如环境保护、企业社会责任、劳工保护标准、投资者义务、知识产权、公共治理、竞争政策等。相较于 CPTPP，RCEP 并没有对一些新兴议题作出专门规定。CPTPP "投资" 章节中有与其他章节的关系、武装冲突或内乱情况下的待遇、投资与环境、卫生和其他监管目标、企业社会责任等条款，而 RCEP "投资" 章节并没有此类条款。

RCEP "投资" 章节有关环境、劳工保护、可持续发展等条款的缺失，在某种程度上是由于一些东亚、东南亚国家有着较为特殊的社会环境、文化传统和现实因素。以东盟国家为代表的许多亚洲地区国家更加强调主权的独立和政策的灵活性，而不愿意在投资协定中受到过多关于环境、劳工保护、可持续发展等条款的限制（王彦志，2021）。

第四节　我国外商投资管理体制现状

鼓励外商直接投资（FDI）是我国扩大开放的重要内容，我国的外商直接投资规模从 1983 年的 9.2 亿美元增加到 2021 年的 1734.8 亿美元，居于世界第二位。在这一过程中，我国外商投资管理体制立足中国实际，吸收借鉴国际规则，在改革开放中不断完善。

一、我国外商投资管理体制的发展历程

第一阶段是改革开放初期，我国外商投资管理体制建设起步。改革开放

初期，中国急需外资以促进经济发展，各地方政府采取了一系列优惠政策以提高本地区对外国投资者的吸引力，如税收减免、土地使用优惠、投资补贴等。这种超国民待遇的吸引外资政策成功吸引 FDI 流入，中外合资经营企业、中外合作经营企业、外商独资经营企业数量不断增加。但是，不同地区间政策不一致、透明度不足、潜在的地方保护主义也造成了营商环境不稳定、资源配置效率低下、对内资的不公平等问题，需要中央层面出台政策法律进行规范化管理。1979 年，第五届全国人大通过了中国第一部外商投资企业法律《中华人民共和国中外合资经营企业法》，1986 年第六届全国人大通过《中华人民共和国外资企业法》，1988 年第七届全国人大通过《中华人民共和国中外合作经营企业法》，以上"外资三法"在很长一段时间里同时肩负了外资管理、企业组织、涉外合同三大任务。

第二阶段是社会主义市场经济初期，优惠政策加速吸引外资。1992 年，党的十四大正式提出建立社会主义市场经济体制的目标，明确了利用外资是进一步改革开放的重要举措。1995 年，《外商投资产业指导目录》和《指导外商投资方向暂行规定》出台，强调对外资的产业导向性，鼓励 FDI 进入基础设施建设、高新技术产业等领域。1998 年，《中共中央　国务院关于进一步扩大对外开放、提高利用外资水平的若干意见》提出扩大 FDI 领域，完善 FDI 地域布局，多渠道、多层次吸收 FDI。1999 年，《关于当前进一步鼓励外商投资的意见》给予外商投资在免税、金融支持等方面的优惠政策。通过优惠政策，鼓励 FDI 进入中西部地区。此阶段的 FDI 大部分流入了低技术含量、劳动密集型产业，对我国产业加速发展起到了积极作用，但是由于给予了外资超国民待遇，在一定程度上挤出了国内投资。

第三阶段是加入 WTO 后，外商投资管理逐渐与国际接轨。2001 年加入 WTO 后，我国在进一步融入国际投资体系的同时，也意识到引进外资"重数量轻质量"问题。2006 年《中国利用外资"十一五"规划》提出引导 FDI 流向，将过去低技术含量、劳动密集型产业为主的 FDI 逐步转向高新技术产业。2008 年，《企业所得税暂行条例》和《外商投资企业和外国企业所得税法》统一成一部所得税法，对内外资企业实行统一税率。外资政策从超国民待遇转向中性优惠，保障了我国吸引 FDI 的长期健康发展。

第四阶段是当前正在经历的新发展阶段，从"外资三法"到"三法归一"。2019 年 3 月，全国人大通过《外商投资法》，2020 年 1 月，《外商投资法》及配套的行政法规《外商投资法实施条例》正式实施，原来的"外资三法"同时废止。《外商投资法》确立了准入前国民待遇和负面清单制度，提高外商投资政策的透明度，鼓励外商投资企业平等参与市场竞争，同时设"投资保护"专章，从加强对外商投资企业的产权保护、强化对涉及外商投资规范性文件制定的约束、促使地方政府守约践诺、完善外商投资企业投诉工作机制4个方面作了规定。此外，《外商投资法》在负面清单管理制度之外，明确了外商投资项目的核准、备案制度、外商投资信息报告制度、外商投资安全审查制度，完善了制度体系。

二、从产业指导目录到准入负面清单

1995年，我国推出《外商投资产业指导目录》，将外商投资产业分为鼓励类、限制类、禁止类，规定了投资门槛、外资比例、股权结构等方面不同的准入条件和限制。该目录在放宽外商投资准入限制、吸引更多的外资流入的同时，也通过限制外商投资的行业和领域，保护国家的核心产业和重要经济部门，维护国家安全和经济稳定。目录每隔三四年都会更新一次，2017年第七次修订的《外商投资产业指导目录》将限制类和禁止类合并，列入我国在全国范围内实施的外商投资准入负面清单。2019年，剥离了限制类和禁止类的《外商投资产业指导目录》，以《鼓励外商投资产业目录》形式单独印发。

2013年，上海自贸试验区成立，发布了我国首张外商投资准入负面清单，外商投资项目在上海自贸区由核准制改为备案制。2015年，自由贸易试验区版外商投资准入负面清单发布，采用了内外资一体化管理措施，在上海、广东、天津、福建4个自贸区适用。2018年，全国版外商投资准入负面清单发布。2020年，海南自由贸易港外商投资准入负面清单发布。我国自主发布的外商投资负面清单限制措施不断压缩，最新的2024年全国版已压缩至29条，自贸试验区版和海南自贸港版均为27条，其中制造业已经在2024年全国版负面清单中全面取消限制，建筑、住宿餐饮、金融、房地产、水利环境和公共设施管理、居民服务维修和其他等行业也已经没有准入限制（见表3-2）。

表3-2　我国各版本外商投资准入负面清单行业限制数量　　　　　单位：条

行业	2013年上海自贸区版	2014年上海自贸区版	2015年自贸区版	2017年自贸区版	2018年全国版	2018年自贸区版	2019年全国版	2019年自贸区版	2020年全国版	2020年自贸区版	2020年海南自贸港版	2021年全国版	2021年自贸区版	2024年全国版
农、林、牧、渔业	7	6	6	5	4	4	4	3	4	3	3	4	3	4
采矿业	16	14	8	6	4	3	1	1	1	1	0	1	1	1

续表

行业	2013年上海自贸区版	2014年上海自贸区版	2015年自贸区版	2017年自贸区版	2018年全国版	2018年自贸区版	2019年全国版	2019年自贸区版	2020年全国版	2020年自贸区版	2020年海南自贸港版	2021年全国版	2021年自贸区版	2024年全国版
制造业	63	46	17	11	6	5	5	3	4	2	1	2	0	0
电力、热力、燃气及水生产和供应业	5	2	5	3	2	2	2	2	1	1	1	1	1	1
建筑业	4	4	0	0	0	0	0	0	0	0	0	0	0	0
批发和零售业	13	9	4	4	1	1	1	1	1	1	1	1	1	1
交通运输、仓储和邮政业	21	15	19	11	7	7	6	6	4	4	4	4	4	4
住宿餐饮	0	0	0	0	0	0	0	0	0	0	0	0	0	0
信息传输、软件和信息技术服务业	8	8	4	4	2	2	2	2	2	2	2	2	2	2
金融业	5	4	14	13	3	3	3	3	0	0	0	0	0	0
房地产业	4	3	0	0	0	0	0	0	0	0	0	0	0	0
租赁和商务服务业	13	9	9	5	3	3	3	3	3	3	2	3	2	3
科学研究和技术服务业	12	4	4	4	3	3	3	3	3	3	3	3	3	3
水利环境和公共设施管理业	3	3	2	2	1	1	0	0	0	0	0	0	0	0
居民服务、修理和其他	0	0	0	0	0	0	0	0	0	0	0	0	0	0
教育	3	3	2	2	2	2	2	2	2	2	2	2	2	2
卫生和社会工作	1	1	1	1	1	1	1	1	1	1	1	1	1	1
文化体育和娱乐业	12	8	24	21	9	8	7	7	7	7	7	7	7	7

续表

行业	2013年上海自贸区版	2014年上海自贸区版	2015年自贸区版	2017年自贸区版	2018年全国版	2018年自贸区版	2019年全国版	2019年自贸区版	2020年全国版	2020年自贸区版	2020年海南自贸港版	2021年全国版	2021年自贸区版	2024年全国版
针对所有行业	—	—	3	3	—	—	—	—	—	—	—	—	—	—
总计	190	139	122	95	48	45	40	37	33	30	27	31	27	29

资料来源：作者根据商务部官网整理。

三、自贸试验区（港）扩大投资开放试点

我国的自贸试验区（自贸港）在对标国际高水平投资规则方面走在全国前列，先行先试多项政策，发挥引领作用。2021 年 9 月，国务院印发《关于推进自由贸易试验区贸易投资便利化改革创新若干措施的通知》，围绕提升贸易、投资、国际物流、金融支持实体经济的便利度以及司法保障 5 个方面给予政策支持。2023 年 6 月，国务院印发《关于在有条件的自由贸易试验区和自由贸易港试点对接国际高标准推进制度型开放的若干措施》，率先在上海、广东、天津、福建、北京 5 个自贸区和海南自贸港，试点对接国际高标准经贸规则。2023 年 12 月，国务院印发《全面对接国际高标准经贸规则推进中国（上海）自由贸易试验区高水平制度型开放总体方案》。

在一些具体领域对外资开放方面，2021 年 12 月，广东省公布《横琴粤澳深度合作区外商投资股权投资类企业试点办法（暂行）》，包括港澳台地区的境外投资者可在合作区申请外商投资股权投资类企业。2022 年 9 月，深圳市前海管理局、香港特别行政区政府财经事务及库务局发布《关于支持前海深港风投创投联动发展的十八条措施》，对前海外商投资股权投资企业（QFLP）、合格境内投资企业（QDIE）和外商独资私募证券投资基金管理人试点予以优化，推进香港有限合伙基金（Limited Partnership Fund，LPF）与前海 QFLP 试点规则衔接、机制对接。2023 年 3 月，海南自贸港出台《境外高等教育机构在海南自由贸易港办学暂行规定》，允许境外高等教育机构在海南独立办学。2024 年 4 月，工信部决定在上海临港新片区、海南自贸港等 4 地开展增值电信业务扩大对外开放试点工作，取消互联网数据中心、内容分发网络、互联网接入服务、在线数据处理与交易处理，以及信息服务中信息发布平台和递送服务、信息保护和处理服务业务的外资股比限制。

四、积极融入国际投资规则体系

在双边投资协定方面。1982 年我国与瑞典签订第一个双边投资协定，截至 2024 年 3 月我国已与超过 100 个国家和地区签署了双边投资协定。2013 年与美国进行 BIT 谈判时，我国首次作出承诺以负面清单模式为基础。

在自由贸易协定方面。截至 2024 年 1 月，我国已与 29 个国家和地区签署了 22 个自贸协定。我国在大部分自贸协定中均以正面清单方式列出了允许外资进入的行业和领域，但在 RCEP 中，我国在非服务业领域（包括制造业、农业、渔业、林业和狩猎、采矿和采石等部门）采用了负面清单的承诺方式，在服务业领域（上述部门之外）仍然采取正面清单承诺方式（RCEP 规定须在生效后 3 年内提交负面清单谈判方案，6 年内转为负面清单）。2024 年 1 月生效的中国—尼加拉瓜自贸协定，首次将服务贸易和投资放在同一张负面清单中，在格式上做到了与 CPTPP 等高标准自贸协定相同。2023 年 12 月，中国与新加坡签署中新自由贸易协定进一步升级议定书，双方均以负面清单模式作出服务和投资开放承诺。

在国际多边投资规则方面。一方面，我国积极参与国际组织的多边投资治理体系。我国 1988 年加入了《多边投资担保机构公约》（MIGA 公约），1990 年签署了《关于解决国家与他国国民之间投资争端公约》（ICSID）。另外，WTO 的《与贸易有关的投资措施协定》（TRIMs）和《服务贸易总协定》（GATS）等有关投资内容的国际公约我国也是签署国。**另一方面，我国积极推动构建国际多边投资规则**。2024 年我国发起的全球首个多边投资协定《促进发展的投资便利化协定》在 WTO 部长会议上正式达成，为改善全球投资环境、构建全球多边投资体系贡献了中国力量。

五、我国外商投资管理体制演变的特点

改革开放以来，我国外商直接投资管理体制的发展历程有以下特点：**一是从政策到法律**。改革开放初期主要依赖地方政府出台的优惠政策，如税收减免、土地使用优惠等，吸引外资促进经济发展，这些政策在吸引 FDI 流入的同时也带来了政策不一致、透明度不足等问题。"外资三法"的出现标志着中国外商投资管理从政策导向向法律规范化、系统化的重要转变。**二是从分散到整体**。早期的"外资三法"对外商投资活动的管理呈现相对分散的状态，2023 年"三法合一"形成《外商投资法》及其实施条例，将分散的管理制度整合为统一的法律框架，外商投资管理体系的法律依据更加明确。**三是从超**

国民待遇到国民待遇。改革开放初期，中国给予外商投资超国民待遇，如税收减免等优惠政策。随着中国经济实力的增强和国际地位的提升，特别是加入 WTO 后，中国开始逐步减少对外商投资的特殊优惠，转而提供与国内投资者同等的国民待遇。这一转变有利于保障公平竞争的环境，促进外商投资健康、可持续发展。**四是从试点到推广**。我国在外商投资管理体系的更新优化过程中，采用了先试点后推广的策略。如投资负面清单制度先行在上海自贸区试点，为全国投资管理体系的改革提供了宝贵经验。随后，负面清单成功试点的政策和经验被逐步推广到更多的自贸区（港）乃至全国，体现了我国在改革外商投资管理体系方面的持续优化和稳步推进。**五是从正面清单到负面清单**。我国的外商投资准入开放程度不断提升，从正面清单到负面清单不仅使核准制变为备案制，而且增强了外资进入的确定性和透明度，与高水平国际投资规则接轨。未来，我国的投资准入负面清单还将不断优化缩减。**六是从传统议题到新兴议题**。尽管在我国参与的以 RCEP 为代表的自贸协定中，对于劳工标准、环境保护等新兴议题的态度较为谨慎。但我国在自身发展过程中注重绿色发展理念，支持国际劳工组织的相关公约和建议书。此外，在知识产权、公共治理、竞争政策、企业社会责任方面的关注程度不断提高。总体上体现出从传统议题到新兴议题的进步趋势。

第五节　我国对标国际高标准投资规则存在的差距

经过改革开放至今几十年的探索与发展，我国的外商直接投资规则体系逐渐成熟，投资开放程度不断提高，政策与法律体系逐渐完善，但是，与 CPTPP 等高标准规则相比，在投资自由化、投资者保护、新兴议题等方面还存在差距。

一、投资自由化

一是投资定义不够广泛。我国《外商投资法》对于投资的定义是指包括外国自然人、企业或其他组织在中国境内进行的直接或间接投资活动，强调的是地理（中国境内）和参与投资主体的界定，包括设立企业、购买股份或权益、新建项目等形式。而 CPTPP 对于投资的定义更为广泛，不仅包括设立企业和股权类投资，还包括债权、衍生品、合同、知识产权以及其他有形或无形财产及其财产权利。我国《外商投资法》投资定义的覆盖范围不如 CPTPP 具体且广泛，可能导致对外资保护覆盖面不足的问题。

二是服务业投资开放程度有待提高。关于外商投资领域准入负面清单，

CPTPP 覆盖了所有行业，我国在 RCEP 中尚未包括服务业。在金融服务、电信、电子商务、专业服务等服务业领域，CPTPP 对外国服务提供者的投资准入限制较少，开放程度高。我国《外商投资准入特别管理措施（负面清单）（2021 年版）》《跨境服务贸易特别管理措施（负面清单）（2024 年版）》中，在信息传输、软件和信息技术服务业方面仍有较多限制，对于电信业务经营实行许可制度，电信、通信、新闻信息服务等行业的外资准入还存在一定的限制。

三是*存在两套负面清单*。我国目前既有自主发布的负面清单，也有在自贸协定中承诺的负面清单。这样的"双轨制"虽然可以避免自贸协定谈判通常需要较长时间的问题，通过自主发布负面清单及时满足形势发展对于扩大开放的需要，但是这两种负面清单在内容、格式、依据、效力等诸多方面都存在差异，增加了外国投资者的不确定性，也增加了执行的难度。

四是*投资和服务贸易一体化问题*。CPTPP 在投资和服务贸易领域采用了一体化的负面清单，将投资和服务贸易的限制措施整合在同一框架下。而我国目前实行服务贸易与外商投资两套负面清单分开的模式。尽管我国目前的模式具有灵活性与针对性的优势，可以逐步开放、保护敏感行业，但也会带来政策一致性挑战，外国投资者需要同时参考两套清单来判断自己的投资项目是否受限，这可能增加投资决策的复杂性。

五是*负面清单限制措施数量和类型问题*。从外商投资准入负面清单限制数量来看，我国全国版和自贸区（港）版外商投资准入负面清单的限制措施与CPTPP 各缔约方相比处于中上水平（见图 3-1），但是我国条款中的禁止类措施多于限制类措施，而 CPTPP 缔约方的负面清单中以限制类为主，禁止类为辅。

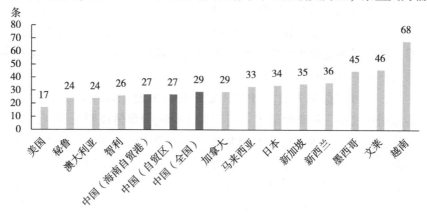

图 3-1　CPTPP 缔约方与我国投资负面清单限制数量对比

（资料来源：作者根据 CPTPP 数据整理）

二、投资者保护

一是征收补偿条款不够明确。我国《外商投资法》作出原则性规定，指出国家对外国投资者的投资不实行征收，但也说明了在特殊情况下，国家为了公共利益的需要，可以依照法律规定对外国投资者的投资实行征收或者征用，并及时给予公平、合理的补偿。相比之下，CPTPP 则在征收补偿条款中提供更多的具体性和细节，如关于补偿的计算方法和支付方式，确保规定的可操作性和一致性。

二是知识产权保护存在差距。我国《外商投资法》明确了对公平竞争、知识产权保护的强调以及对技术合作中强制技术转让禁止的立场。法律鼓励技术合作基于公平原则进行，并明确禁止通过行政手段强迫技术转移，《知识产权法》为知识产权保护提供了更具体的规定。但 CPTPP 中关于知识产权的保护规则更为详细和全面，涵盖了版权、商标、专利、地理标志、设计权等多个方面，并且对知识产权的保护提出了较高的标准，要求缔约方提供超出WTO 要求的保护水平。例如，CPTPP 要求延长版权保护期限、加强对网上侵权行为的打击、增强商标和地理标志的保护、提供更为严格的专利保护措施等。我国在知识产权保护方面已经取得显著进步，但在专利和版权保护的执行力度、跨境知识产权侵权行为的打击等方面，与 CPTPP 的高标准相比，还有进一步提升的空间。

三、新兴议题

相较于我国已加入的 RCEP，CPTPP 对一些新兴议题的关注程度更高，如环境保护、企业社会责任、劳工保护标准、投资者义务、公共治理、竞争政策等。这些新兴议题在促进环境保护与劳动者保障的同时，也为发展中国家的加入带来了较高的准入门槛。

例如，在劳工保护方面，CPTPP 要求缔约方遵守国际劳工组织（ILO）的基本原则和权利，强调保障工人组织和工会进行集体谈判的权利，关于劳动标准的执行，不仅要有法律上的要求，还必须有效执行这些标准，并设立监督机制。中国是国际劳工组织的成员方，批准了部分国际劳工组织公约，但还没有批准国际劳工组织所有的核心劳工标准公约。中国的集体协商机制在集体谈判自由度、工会独立性等方面与 CPTPP 标准存在差异。但是其中存在国情不同、国家基本制度不同的问题，不能简单地接受或者对标。

以罢工权为例，我国 1975 年《宪法》和 1978 年《宪法》规定了罢工权，但 1982 年《宪法》未规定工人的罢工权利。在中国现行《宪法》未进行修改增加罢工权之前，中国不能接受现有自由贸易协定的罢工权条款。中国改革开放、法治建设走到今天，不可能接受违反《宪法》的国际经贸规则安排。对于这样的条款，应争取获得例外性安排（韩立余，2019）。

四、投资者—国家争端解决机制（ISDS）

1990 年，我国签署《解决国家与他国国民之间投资争端公约》（ICSID）。此后，我国绝大部分签署的双边投资协议中均采用单独条款设置 ISDS 机制，规定可以通过国际仲裁的方式解决投资争端，但在实践中还存在一些问题。一是更新不及时。我国已签署的大部分双边投资协议中的 ISDS 机制普遍缺乏制度化调解程序，条款没有及时更新。二是条款模糊。我国签署的双边投资协议中的 ISDS 机制原则性描述过多，一些具体条款描述较为模糊，例如，大部分双边投资协议的 ISDS 都没有明确地将最惠国待遇排除出争端解决程序，仅有少部分双边投资协议明确排除，如"中国—加拿大双边投资协议""中国—土耳其双边投资协议"。三是透明度不足。早期双边投资协议中透明度要求较少，但 CPTPP 强调争端解决过程的透明度，要求公开听证和提交的文件，允许非政府组织提交意见书，仲裁程序的公开性和接受公众监督的程度均高于我国在双边投资协议中对 ISDS 的承诺。四是缺乏上诉机制。在我国签署的 100 余个双边投资协议中均未规定正式的上诉机制，仅 2003 年"中国—德国双边投资协议"和 2007 年"中国—古巴双边投资协议"提及仲裁裁决的救济方式，但这些规定也可视为对仲裁裁决的救济措施，不是法律上的上诉程序。此外，由于 ISDS 在国际法体系下运行，欧美等发达国家有着大量的国际法人才储备和充足的国际法实践，对于我国来说，如果要适应 CPTPP 的 IS-DS，能否与发达国家在 ISDS 机制下"分庭抗礼"也是将要面临的挑战。

五、投资规则差距对我国的影响

一是影响我国加入 CPTPP 等高水平投资规则的进程。中国与 CPTPP 之间在投资保护、促进与自由化等方面的差距，构成了中国加入 CPTPP 的挑战。特别是在征收补偿条款的明确性、知识产权保护的全面性、投资定义的广泛性、服务业开放程度，以及竞争中立原则等方面的差异，反映了中国与 CPTPP 缔约方在相关规则和标准上的不同理解和基于不同国情制度的实践。这些标准上的差距，国内法律与国际规则的兼容问题将影响我国向更高标准的国际投资规则对标，进而影响我国加入 CPTPP 的进程。

二是不利于我国提升投资规则领域国际话语权。在全球经济治理结构中，规则制定者通常享有较大的影响力。中国在投资规则方面与国际高标准的差距可能影响在全球投资规则制定过程中的参与度和话语权。特别是在新兴领域，如数字经济和知识产权保护等领域的标准制定参与。

三是不利于稳定外资预期。在 2023 年和 2024 年我国外商直接投资规模出现下滑的环境下，提高我国对外资的吸引力是一个需要长期面对的问题。中国在投资保护力度、争端解决机制等方面与 CPTPP 标准的差距，可能影响外商对中国投资环境的信心。

第六节　我国对接国际高标准投资规则的建议

党的二十大报告指出："稳步扩大规则、规制、管理、标准等制度型开放。"对接国际高标准跨境直接投资规则是扩大制度型开放的重要内容，也是我国在与美国等发达国家经贸摩擦增多的形势下提升投资环境透明度和确定性，更大力度吸引外资，并增强在国际规则调整中的话语权的重要手段。

一、立足多边原则，以 WTO 为平台

在全球化趋势受阻、保护主义和单边主义抬头的背景下，我国应立足多边贸易体系，并以 WTO 平台为核心展开国际投资合作。**在普遍性方面**，作为一个全球性的多边贸易组织，WTO 拥有 164 个成员方，涵盖了全球所有主要经济体。WTO 规则基于成员方之间的共识制定，适用于所有成员方，具有普遍性和多边性。**在公平性方面**，WTO 的规则制定过程强调透明度和包容性，旨在反映所有成员方的利益，无论大小。WTO 提供了争端解决机制，帮助成员方以公正和透明的方式解决贸易争端，这对于维护国际贸易秩序和确保规则被公平执行至关重要。同时，WTO 重视发展中国家的利益，实行特殊与差别待遇原则（SDT），为发展中国家提供更多的灵活性和支持，有助于平衡发展水平不同的国家和地区之间的利益，促进全球经济的包容性增长。因此，我国应坚定维护多边贸易投资体系，维护 WTO 规则的权威性和有效性。以《投资便利化协定》为新起点，继续扩大我国在国际投资规则构建方面的影响力。

二、立足提升国家竞争力，不同行业采取差异化开放策略

一是在有优势的行业继续加大开放力度。在制造业方面，我国是全球唯

一拥有全品类工业部门的国家。中国制造业的全面开放，特别是高端制造业，可以吸引更多的外资和先进技术进入，促进产业结构优化和技术进步。例如，在汽车、新能源、信息技术等领域，通过取消外资限制，可以引入国际竞争，激发市场活力，推动国内企业改革创新。

二是对涉及战略利益与国家安全的行业采取审慎保护。在战略利益与国家安全相关的行业，如通信、能源等，应采取更为审慎的开放策略，确保国家安全利益不受外部因素影响，防止关键信息基础设施落入外部势力手中。在石油、天然气、稀土等关键能源资源领域，需要合理控制外资参与度，避免对外依存度过高。

三是数字等新兴行业加快对接国际规则。对于数字经济等新兴行业，应加快对接国际规则，参与国际标准的制定，推动中国企业和产品更好地融入全球市场。抓住数字经济快速发展的机遇，推动经济转型升级，增强国家在全球经济中的竞争力。

三、立足区域合作，推动高水平投资规则的条款落地

一是立足 RCEP，重点对接 CPTPP。RCEP 是我国目前已加入的包含投资规则的最高标准经贸协议，其缔约方数量多并与我国合作紧密。RCEP 各缔约方虽然存在发展差距，但在投资领域均采用准入前国民待遇加负面清单的管理模式，是亚太地区投资协定取得的重大突破，也是国际投资规则新发展趋势的重要实践。我国应加强与 RCEP 缔约方在投资领域合作，积累准入前国民待遇加负面清单模式的管理经验，提升以负面清单为代表的投资开放力度，研究与我国实际情况相适应的新兴投资议题对接方案，统筹推进争端解决机制与外资管辖权的平衡。

二是推动中欧全面投资协定落地，争取更多国际合作。中欧全面投资协定自 2014 年开始谈判至 2020 年完成实质性文本谈判，来之不易，但 2021 年欧洲议会冻结了中欧全面投资协定议案，暂停了协定落地的进程。在当今"逆全球化"席卷全球的背景下，欧盟与中国如果能够达成全面投资协定，将为全球投资规则提供新的标准，有力推进全球化进程。此外，中欧全面投资协定达成后将取代中国与 27 个欧盟成员中的 26 个国家（爱尔兰除外）之间订立的双边投资协议，有利于规则与标准的统一，改善中欧双方的市场准入条件。因此，我们一方面要坚持原则，另一方面应继续加强与欧洲的合作与互动，争取中欧全面投资协定早日落地。

三是推广高标准投资条款，提高国际话语权。在我国已签署的投资协议

中，一些方面的规则创新不亚于 CPTPP 等高标准投资规则。例如，中国—澳大利亚自贸协定在投资仲裁规则方面，针对被起诉方因为已经被实际控制无法出具书面弃权文件可能导致无法提起诉讼等情况作出具体优化安排等，而 CPTPP 没有此类规定。我国应将此类具有创新性的高标准条款，推广纳入投资协定或自贸协定的谈判，增强国际投资规则制定的国际话语权。

四、立足提升开放模式，提高负面清单开放水平

一是解决好自主发布和协定达成的两套负面清单的落实问题。我国现有自主发布和协定承诺两套投资领域的负面清单，面临着一致性、执行监管以及同国际体系接轨的问题。要在实践中针对发现的问题加以解决，在两者出现冲突时，采用对外国投资者更加有利的清单条款，并且在持续更新中努力缩小两者的差异，提升开放承诺的统一性和确定性。

二是探索服务贸易与投资一体化负面清单。借鉴 CPTPP 的负面清单模式，探索整合服务贸易和投资两张负面清单，选择具备条件的自贸试验区（港）或特定经济区作为试点，实施服务贸易和投资一体化的负面清单。根据试点经验和评估结果，逐步将服务贸易与投资一体化负面清单推广到全国范围，同时继续完善相关政策和法律框架，保障实施的有效性和可持续性。

三是对接联合国产品分类。当前我国投资负面清单采用的行业分类标准，与作为国际标准的联合国《产品总分类》（CPC）对接时存在差异，增加了国际投资者理解和适应中国市场准入条件的难度。应加强与 CPC 等国际通用标准的对接和兼容，对国内现行的《国民经济行业分类与代码》与 CPC 之间的差异进行详细评估，识别关键差异和潜在影响，积极参与 WTO、联合国等国际组织的标准制定过程，为 CPC 等国际标准的更新和完善提供中国的视角和建议。

四是进一步削减外商投资准入负面清单。通过定期审查和调整负面清单，取消或放宽对外资投资的限制，尤其是在那些能够促进技术进步和产业升级的关键行业和领域逐步减少限制措施，在服务业等领域，逐步将行业禁止类条款转向限制类条款，特别是新兴的数字领域，在保障安全的前提下，进一步放宽外资限制，吸引更多高质量的外资进入中国市场。

五、立足法制化建设，审慎推进争端解决机制

一是推进建立全国统一的市场制度规则和法律体系。一方面，为统一大市场建设提供法律保障，优化市场化、法治化投资环境，提升外国投资者预

期的确定性。另一方面，将负面清单的覆盖范围扩大到服务业，实行投资和服务贸易一体化负面清单开放模式，提供必需的国内法律基础。

二是完善征收方面的法律规定。目前《外商投资法》关于对外资征收方面更多的是原则性的规定，有必要对标 CPTPP，立足我国实际，进一步明确征收和补偿的流程标准。

三是完善投资新兴议题立法。环境保护、劳工标准等新兴议题不仅是 RCEP 较 CPTPP 存在的差距，也是我国对标更高标准国际投资规则的障碍，我国应完善针对此类新兴议题的法律体系，对标国际标准。如积极对标国际环保协定，参考《巴黎协定》以及 CPTPP 成员等国家的环境保护法律，设立更为严格的排放标准和环境质量标准。通过税收优惠、财政补贴等方式鼓励绿色、低碳投资，推动绿色产业发展。在我国的宪法和法律框架下，参考国际劳工组织的核心公约，尤其是关于工资、工时、健康与安全等方面的条款，完善国内劳动法律。完善国内法律，不仅是对接 CPTPP 等高标准规则的需要，也是在相关的协定中争取例外待遇的法律基础。

四是审慎推进投资者—国家争端解决机制（ISDS）。ISDS 机制是当前国际投资规则争论的一个热点，也是影响中国加入 CPTPP 谈判的一个关键因素。但是，美国主导下的 ISDS 在某种程度上构成了对国家主权的挑战，国家是否可以作为一个主体被上诉一直以来都存在争议。此外，ISDS 在国际法体系下运行，欧美等发达国家有着大量的国际法人才储备和充足的国际法实践，我国在这方面的人才储备存在短板。所以，我国推进 ISDS，应立足于基于国家主权安全保障考量，循序渐进审慎推进。**一方面，需审慎建立投资争端解决上诉机制。**对标 CPTPP 体系，努力达到高标准国际投资规则的准入标准。统筹 ISDS 与外资管理权的关系，明确界定投资争端解决机制的适用范围。**另一方面，要争取更多的保留。**在未来加入更高水平投资协定的谈判中，可参考 CPTPP 中 ISDS 的实践，通过换文或互惠协定的形式对投资仲裁的争议范围作出进一步限制；还应在谈判中保留"用尽当地救济"措施，即投资者在诉诸国际仲裁之前，必须先尝试在目标国家的法院系统中寻求解决争端的方法。投资者在国际仲裁中必须证明他们已经尽最大努力，但仍无法获得满意的法律救济。尽可能保留更多的外资管辖权。**同时还要加大国际法人才培养力度。**为日后可能要面对的 ISDS 仲裁庭做好人才储备。

六、立足自贸试验区（港），推动高水平开放试点

对标国际高标准投资规则，应循序渐进、由点及面。应继续推进自贸区

（港）改革开放先行先试，在有条件的自贸区（港）进一步扩大投资领域开放，试行更加开放的外商投资政策，探索新的开放模式，为全国范围内进一步开放积累经验。在有条件的自贸区（港）率先推出服务贸易与投资一体化负面清单，率先对接联合国《产品总分类》，逐步推进国内法层面与国际法层面投资负面清单相统一。特别是依托即将在 2025 年底全面封关运作的海南自贸港，依托自贸港法的制度优势及自贸港版投资负面清单的开放优势，先行先试对接 CPTPP 投资领域核心条款，进行压力测试。

第四章　数字贸易国际规则比较和中国对接建议
——基于 RCEP、CPTPP 和 DEPA 的分析

数字经济的快速发展推动数字贸易成为全球贸易的新增长点。WTO 数据显示，2022 年全球数字服务贸易规模为 3.82 万亿美元，占全球服务贸易的53.7%。2020—2022 年，全球跨境数据流动规模增长 120.6%，数字服务贸易规模增长 36.9%，均远高于同期全球服务贸易和货物贸易的增速。数字贸易正在成为我国重组要素资源、优化外贸结构、塑造发展新优势的重要力量。党的二十大报告提出"发展数字贸易，加快建设贸易强国"，党的二十届三中全会提出"创新发展数字贸易"，将数字贸易的重要性提到了新的战略高度。我国需要对接数字贸易国际规则，尤其是 RCEP、CPTPP、DEPA 等自由贸易协定中的数字贸易规则，完善数字治理体系，努力提高在全球数字贸易规则制定中的影响力。

第一节　数字贸易国际规则正在竞争中逐步构建

随着数字贸易的迅速发展，数字贸易规则日益成为各国关注的焦点。由于数字经济发展的不平衡性，各国尤其是主要经济体关于数字治理的立场和规则存在较大的差异，尚未形成被广泛接受的国际数字贸易规则。

一、数字贸易的概念尚未达成共识

虽然数字贸易已经成为大趋势，但是各方对于数字贸易概念尚未达成共识。WTO 尚未提出数字贸易的概念，将数字贸易等同于电子商务。美国国际贸易委员会（USITC）多次调整数字贸易的概念，2013 年提出数字贸易仅局限于数字产品和服务的范畴，不包括实体商品；到 2017 年，USITC 认为数字贸易不仅包括在互联网上销售和供应的最终消费品，还包括实现全球价值链的数据流和实现智能制造的服务流等。日本在 2018 年提出，数字贸易是基于

互联网技术向消费者提供商品、服务与信息的商务活动。经济合作与发展组织（OECD）认为，数字贸易是指以电子方式通过网络进行的贸易活动，涵盖货物和服务两个方面，包括以数字方式下单的贸易（Digitally Ordered Trade）和以数字方式交付的贸易（Digitally Delivered Trade）。国内官方与学术界对数字贸易内涵形成了共识，商务部将数字贸易分为两个部分：一是以数字交付为特点的贸易方式，贸易对象是数据；二是以数字订购为特点的贸易方式，通常跨境电商交易的是货物，但是通过数字订购来实现。国内数字经济领域专业研究机构中国信息通信研究院将数字贸易定义为数字技术发挥重要作用的贸易方式，认为其与传统贸易主要区别在于贸易方式数字化和贸易对象数字化。

二、RCEP、CPTPP、DEPA 成为数字贸易国际规则的主流

国际规则是大国国内制度的延伸。数字贸易国际规则的构建基本上是沿着"国内立法—双边自由贸易协定—区域和多边自由贸易协定"的路径，其中大国起着主导性的作用。全球主要经济体数字贸易利益的差异，造成了目前尚未形成被广泛接受的国际数字贸易规则的局面（张茉楠，2022）。主要经济体关于数字治理的立场和规则存在较大的差异，可分为美国、欧盟、中国三大类别（Aaronson，2018）。美国主张数据跨境自由流动，力主数字开放与数字贸易自由化；欧盟重视个人信息和隐私保护，其《通用数据保护条例》（General Data Protection Regulation，GDPR）规定了很高的数据安全保护与监管水平（陈寰琦，2022）；中国注重电子商务发展，在数据跨境流动、开放政府数据等方面持审慎态度。在双边自贸协定层面，2000 年以来，主要经济体逐渐将电子商务、数据流动等议题纳入双边自贸协定，扩大本国数字治理模式的国际适用。在多边层面，数字流动的复杂性使多边高水平数字贸易规则达成存在较大难度（沈玉良等，2022），虽然 1998 年 5 月 WTO 就通过了《全球电子商务宣言》，并成立了相关工作组，但经过旷日持久的谈判，2023 年最后一轮谈判达成的实质结论也主要是围绕数字贸易便利化、开放的数字环境和企业及消费者信任 3 个方面，没有在数字治理中争议最集中的数据自由流动、个人信息保护、数字知识产权等方面达成共识。在此情况下，自由贸易协定中关于数字贸易条款的影响力在日益扩大，在 RTAs 框架下美国、欧盟和日本等发达经济体引领着规则体系的构建（Meltzer，2019；周念利、陈寰琦，2019）。当前参与方较多的《区域全面经济伙伴关系协定》（RCEP）和《全面和进步跨太平洋伙伴关系协定》（CPTPP），以及全球首部数字贸易协定《数字经济伙伴关系协定》（DEPA）成为主流的数字贸易国际规则框架。这 3 个自贸协定一方面体现了规则融合的趋

势，关于数字贸易的诸多条款趋于一致；但另一方面由于主导方的不同，以及各个协定成员数字贸易发展水平和数字治理诉求的差异，在数字贸易规则的框架上各有特色，在诸多核心议题上仍然存在很大的差异。

学术界对以上 3 个自贸港协定的数字贸易规则的研究高度关注，如早期对 RCEP（张天桂，2021）、CPTPP（李墨丝，2020）、DEPA（郁建兴等，2022）单一协定数字贸易条款的研究；中国申请加入 CPTPP、DEPA 以来，对 RCEP、CPTPP、DEPA 两两之间（周念利和于美月，2022；代丽华等，2022）及三者之间（李佳倩等，2022）的数字贸易条款的比较越来越受到重视。随着数字经济的快速发展，中国加快制度型开放步伐，系统比较 3 个自贸港协定数字贸易规则核心议题、主要特征，并在此基础上分析中国数字治理制度体系在 5 个核心议题与相关国际规则间的差距，对于构建对接国际高标准数字贸易规则的路径具有重要的理论和现实意义。

三、RCEP 注重数字贸易便利化但在数据开放上留有较多例外

2020 年 11 月签署的 RCEP 是目前全球缔约方最多的自由贸易协定，其中与数字贸易相关的规则主要是电子商务、知识产权、投资、金融服务、电信服务、中小企业等章节，内容主要包括：无纸化贸易、电子认证和电子签名、数字关税等数字贸易便利化条款，计算设施的位置、数据跨境流动、个人隐私保护、网络安全等数据安全与网络安全条款，线上消费者保护、中小企业合作等促进参与程度条款。

由于 RCEP 各缔约方发展水平差异很大，其中部分国家的数字经济发展相对落后，因此其数字贸易规则的特征主要有 3 点。**一是数字贸易条款侧重促进数字贸易便利化**。RCEP 在原则中强调，该协定认识到便利电子商务发展对促进经济增长的重要性，使缔约方在健全完善数据治理机制时享受数字经济发展带来的红利。**二是为缔约方保留主动监管空间**。在较多缔约方数字贸易发展不足、法律框架不健全的情况下，过于强调数据开放可能带来较大风险，因此留有更多的例外情况和不适用条款。**三是条款包容性较强、强制性较弱**。由于缔约方之间数字经济发展水平差异较大，因此 RCEP 在跨境数据流动等核心议题上尊重各国对例外界定的自主权，在争议处理上以协商方式解决。

四、CPTPP 注重数据跨境流动自由和数字产品自由竞争

CPTPP 前身是美国主导的《跨太平洋伙伴关系协定》（TPP），在 2017 年特朗普政府宣布美国退出 TPP 后，由其余 11 国于 2018 年 3 月签署 CPTPP，

其中的数字贸易规则主要体现在电子商务、技术性贸易壁垒、金融服务、知识产权保护等章节中，主要包括：海关关税、国内监管框架、合作、电子认证和电子签名、线上消费者保护、无纸化贸易、接入和使用互联网开展电子商务的原则，以及通过电子方式跨境传输信息、互联网互通费用分摊、计算设施的位置、非应邀商业电子信息①、网络安全、源代码、争端解决数字产品的非歧视待遇等条款。

由于 CPTPP 基本上继承了美国主导的 TPP 的条款，其数字贸易规则的特征主要有 3 点。一是基于美式模板下妥协的产物。CPTPP 体现了美式模板鼓励数据跨境流动、反对数据存储本地化、保护数据知识产权的特征，但鉴于缔约方各方面较大的差异性，在数据跨境流动、存储本地化、源代码等条款均设定例外条款，在一定程度上承认缔约方的监管要求。二是对缔约方有更高标准的数字贸易自由度要求。CPTPP 注重对跨境电子商务、数字基础设施合作和标准的统一，倾向于保证数字产品的自由竞争，与 RCEP 相比对国家的宽限例外较少（马奎元，2023），对于数字贸易不成熟、数字经济发展薄弱的发展中国家来说，加入 CPTPP 或面临潜在风险。三是对数字知识产权的保护有利于数字企业发展。其源代码保护条款有助于为数字企业提供更好的营商环境，鼓励数字企业创新。

五、DEPA 代表数字治理发展趋势并具有更大包容性

2020 年 6 月新加坡、新西兰和智利 3 个国家签订的 DEPA 是全球第一个专门的数字经济国际协定，共有 16 个模块，其中实质性模块有 11 个，包括初步规定和一般定义、商业和贸易便利化、数字产品及相关问题的处理、数据问题、广泛的信任环境、商业和消费者信任、数字身份、新兴趋势和技术、创新与数字经济、中小企业合作、数字包容；流程性模块 5 个，包括联合委员会和联络点、透明度、争端解决、例外、最后条款。

由于发起 DEPA 的新加坡、新西兰和智利都是 CPTPP 的缔约方，并且新加坡和智利与美国签署的双边自贸协定中包括数字贸易条款，因此受美国规则的影响很大（刘洪愧和林宇锋，2023）；同时，由于这 3 个国家经济规模均偏小且经济开放程度高，其在开放性和前沿性上超越了 CPTPP。其数字贸易规则的特征主要有 3 点：一是在内容上涵盖并深化了 CPTPP 协定的内容。该协定在数据跨境流动、数字关税、产品非歧视待遇等条款上与 CPTPP 一致，

---

① 非应邀商业电子信息（Unsolicited Commercial Electronic Message），指出于商业或营销目的，未经接收人同意或接收人已明确拒绝，通过互联网接入服务提供者或在每一缔约方法律法规所规定的限度内通过其他电信服务，向一电子地址发送的电子信息。

其在数字贸易便利化、网络安全和消费者保护等方面深化扩展了 CPTPP 内容。**二是在形式上代表了未来数字贸易领域全球治理的新趋势。**DEPA 作为专门的数字贸易协定，改变了以往数字贸易规则作为全面经贸规则中部分章节的做法，同时采取模块化的谈判方式，不同经济体可根据本国数字经济发展水平选择性地采用部分或全部议题，对协定外成员加入持开放态度。**三是在议题上具有较强的创新性和前瞻性。**设置电子发票、电子支付、政府数据开放等独有条款，将数字身份、人工智能、数字包容、中小企业合作等创新数字领域合作纳入协定范畴。

第二节　RCEP、CPTPP、DEPA 数字贸易规则核心议题的比较

OECD 指出，在互联网经济发展中，"促进互联网开放""促进或维持互联网领域竞争""普遍保护隐私和消费者"是 3 个可能相互冲突的政策目标，因此，在数字贸易国际规则制定中，"数据转移自由化模式""强调个人信息隐私安全模式""数字主权治理模式"成为需要权衡的 3 个方面（赵龙跃和高红伟，2022）。尽管不同经济体均对促进数字经济发展和个人隐私保护有着共识，但由于数据鸿沟的存在、核心利益的差异，不同经济体在数字贸易规则构建中的侧重点不同，反映到经贸协定上，表现为数字贸易规则的差异性，主要体现在以下方面。

一、数字贸易便利化

随着国际上数字贸易往来日益密切，各国关于提升数字贸易便利化的共识日益增强，但是在一些技术细节上仍存在差异。

RCEP 与 CPTPP 在电子认证与电子签名方面的内容基本一致，鼓励使用交互式操作的电子认证，规定缔约方需承认电子签名效力，允许电子交易当事方确定适当的认证方法。但 RCEP 有对柬埔寨、老挝、缅甸允许在协议生效起 5 年宽限期的适用例外。DEPA 则没有电子认证和电子签名条款。

RCEP、CPTPP、DEPA 均设置了无纸化贸易的条款，包括要求向公众提供电子贸易管理文件、承认电子文件与纸质文件同等法律效力两项内容。RCEP 第 12.5 条提出加强无纸化贸易接受度合作的内容。DEPA 第 2.2 条对无纸化贸易的要求更为细致，约定贸易管理文件电子版本语言必须是英文或 WTO 任何其他官方语言，明确了电子贸易管理文件法律效力的两个除外条

款；约定建立相关的数据交换单一窗口，明确交换数据的范围和种类及开发兼容可交互的数据交换系统。

CPTPP 与 DEPA 在电子关税条款上基本一致，要求缔约方不得对电子传输和以电子方式传输的内容征收关税，不阻止缔约方对以电子方式传输的内容征收国内税、规费或其他费用。RCEP 缔约方较多，在关税方面难以达成统一意见，在数字关税方面的约束力明显弱于 CPTPP 和 DEPA，采取了临时性免征数字关税的妥协做法，保留了缔约方根据 WTO 决议调整电子传输关税的权利。

电子发票和电子支付是 DEPA 独有的扩展性条款。DEPA 要求缔约国认识到电子发票的重要性，支持跨境交互操作，制定相关措施，支持基础设施建设，培养使用意识，加强能力建设。同时，DEPA 要求缔约国及时公开电子支付法规，并考虑支付系统的国际公认支付标准；促进应用程序编程接口（API）的使用，特别是鼓励金融机构和支付服务提供者；促进数字身份的跨境认证和电子识别；加强电子支付系统监管，鼓励通过沙盒形式进行金融和电子支付产品服务创新。

二、数据跨境流动

数据跨境流动是数字贸易规则的核心关注（王蕊等，2022），RCEP、CPTPP、DEPA 在推动数据自由流动与数据保护之间寻求平衡，都采取鼓励数据跨境"自由流动+安全例外"的方式（李俊等，2023），禁止将计算设施本地化作为展业条件，但在例外的范围和程度上有差异。

RCEP、DEPA 基本沿用 CPTPP 跨境数据自由流动的核心思想，保障数据跨境流动的自由，同时都认同缔约国可对跨境数据流动进行监管，设有安全例外条款。其中，CPTPP 与 DEPA 在跨境数据自由流动和禁止将计算设施本地化作为展业条件的条款上完全一致，将满足不以歧视或对贸易造成变相限制的方式实施、不施加超出实现目标所需限度限制作为安全例外条款前提条件。RCEP 的例外规定则较为灵活、宽泛，仅规定不以歧视或对贸易造成变相限制的方式实施这一条件，且"实现合法的公共政策目标"的必要性由该缔约国决定，明确其他缔约国不得对任一缔约国保护其基本安全采取的任何措施提出异议。另外，RCEP 的跨境数据自由流动条款和禁止将计算设施本地化作为展业条件的条款对柬埔寨、老挝、越南自协议生效起有 5 年宽限期，必要时柬埔寨、老挝可延长 3 年。

三、数字知识产权和数字产品待遇

由于不同协定缔约国的数字经济发展差异较大，数字知识产权和产品待遇方面的规则差异性较大。

CPTPP 沿用美国主导的 TPP 中数字知识产权的内容，设有源代码条款，第 14.17 条明确禁止将强制转移或获得源代码作为市场准入条件，除了将关键基础设施的软件作为例外情形外，源代码条款还规定了 3 种例外情形：含源代码提供条件的商业谈判、以不与 CPTPP 抵触的法律法规所要求的软件源代码修改、专利相关的披露要求。RCEP、DEPA 的缔约国中较少有互联网、数字巨头企业，数字知识产权保护并非其首要议题，因此无源代码条款，数字知识产权保护内容相对灵活、宽松。RCEP 仅在第 12.16 条中约定缔约国在商务对话中应考虑源代码问题。DEPA 无源代码相关条款，但第 3.4 条的密码技术条款明确，不得要求开发者或供应商提供或者强制要求使用特定密码技术标准作为该产品市场准入的条件（不包括金融工具）；例外情形包括与接入缔约方网络相关的要求不适应、根据金融机构或市场有关监管所采取措施的要求、法律程序要求 3 种情形。

CPTPP 与 DEPA 均承诺给予缔约方数字产品最惠国待遇和国民待遇，但不包括数字形式的金融工具和货币，同时将某一缔约方的补贴或赠款、广播作为例外。RCEP 未涉及数字产品非歧视待遇方面条款。

四、网络安全与消费者保护

数字贸易安全事件一旦发生，将随着交易规模和网络的指数效应迅速扩散，因此，个人信息及消费者保护、网络安全是数字贸易规则普遍关注的议题。

RCEP、CPTPP、DEPA 均要求缔约国制定个人信息保护的法律框架，公布个人信息保护的救济途径和企业如何符合法律要求的信息。在个人信息保护的国际兼容方面，CPTPP、DEPA 均鼓励建立包括监管互认在内的兼容机制，DEPA 更进一步提出数据保护可信标志机制，促进数据传输便利与个人信息保护间的平衡，并对缔约方健全个人信息保护法律框架的具体原则进行了约定；RCEP 仅提出在一定范围内合作。

3 个协定均对保护消费者、加强在线消费者保护立法、推动国际合作作出约定。在线消费者保护的详尽程度按 CPTPP、RCEP、DEPA 依次递增，RCEP 在 CPTPP 内容之外增加了应向用户提供消费者保护的相关信息条款；DEPA 则进一步补充消费者保护政策和程序的易得性，探索替代性争端解决方案等便利解决索赔要求的机制，明确了"欺诈、误导或欺骗行为"的范围，要求缔约方在立法上增加或维持包含货物、服务质量一致要求的规定等内容。

3 个协定均认识到网络安全的重要性，约定增加缔约国本国安全应对能力，加强缔约方间的合作。由于各缔约国网络发展程度差异较大，RCEP 未涉及互联网接入和安全方面的内容；CPTPP、DEPA 致力于使消费者在遵守网络管理要求下可选择接入和使用互联网服务与应用，获得网络服务提供者网络管理实践信息。DEPA 更进一步强调提升网络安全领域资格认证互认、多样性、平等劳动力方面的重要性，还专门设有开放政府数据的条款，扩大获取和使用公开数据的方式。

五、争端解决机制

RCEP 要求缔约国电子商务争议尽可能通过磋商方式解决，磋商不成则提交 RCEP 联合委员会，不得诉诸 RCEP 协议第 19 章规定的争端解决机制，同时保留了缔约国未来对电子商务部分是否使用争端解决机制进行审议的条款。CPTPP 电子商务章节适用争端解决机制，同时给予了马来西亚、越南 2 年内在数字产品非歧视性待遇、通过电子方式跨境传输信息、计算设施的位置义务上不受争端解决约束的过渡期例外。DEPA 鼓励缔约国通过合作和磋商方式解决争议，也可通过斡旋、调解、调停、仲裁等争端解决机制解决；同时明确了在数字产品非歧视性待遇、使用密码术的信息和通信技术产品、通过电子方式跨境传输信息、计算设施位置条款涉及的争议不适用争端解决机制。

六、新兴议题

与 RCEP 和 CPTPP 不同，DEPA 对金融科技合作、人工智能等一系列新兴数字经济议题作了鼓励性约定，体现了 DEPA 的前沿性，主要包括 4 个方面：**一是人工智能**，强调人工智能在数字经济中的重要性，要求缔约国采取可信、安全和负责任使用人工智能技术的道德和治理框架，治理框架应包括可解释性、透明度、公平性和以人为本的价值观等国际公认的原则，尽可能便利缔约国接受和使用人工智能技术。**二是金融科技合作**，提出促进缔约国金融科技产业间合作，包括促进企业间合作、促进金融科技解决方案制订、鼓励金融科技创业和创业人才合作，为金融科技国际产业合作提供了框架。**三是数据共享**，鼓励企业在数据监管沙盒下的数据共享，鼓励建立可信数据共享框架和开放许可协议等共享机制，并开展数据共享、数据新用途等方面合作。**四是关注数据包容性**，提出消除障碍提升数字经济获得性，约定缔约方在妇女、农村人口、低收入社群、原住民参与数字经济的数字包容性事项进行合作。

第三节　中国数字治理规则体系现状

中国已经是数字经济大国，同时数字贸易规模居于全球前列，正在积极构建具有中国特色的数字治理规则体系，在完善顶层设计、加快数字治理立法的同时，将数字贸易列入建设贸易强国的三个支柱之一，主动开展对接国际规则试点，积极参与自贸协定，主动参与数字贸易国际规则的制定（见表4-1）。

表4-1　中国数字治理规则体系

规则类型	名称	制定主体	生效或实施时间
国内法律	《中华人民共和国电子签名法》	全国人大	2019年4月23日修订
	《中华人民共和国网络安全法》	全国人大	2017年6月1日
	《中华人民共和国电子商务法》	全国人大	2019年1月1日
	《中华人民共和国密码法》	全国人大	2020年1月1日
	《中华人民共和国民法典》	全国人大	2021年1月1日
	《中华人民共和国数据安全法》	全国人大	2021年9月1日
	《中华人民共和国个人信息保护法》	全国人大	2021年11月1日
国内规章	认证认可条例	国务院	2003年11月1日
	区块链信息服务管理规定	国家互联网信息办公室	2019年2月15日
	人类遗传资源管理条例	国务院	2019年7月1日
	汽车数据安全管理若干规定（试行）	国家互联网信息办公室等5部门	2021年10月1日
	关键信息基础设施保护安全条例	国务院	2021年9月1日
	网络安全审查办法	国家互联网信息办公室等13部门	2022年2月15日
	数据出境安全评估办法	国家互联网信息办公室	2022年9月1日
	工业和信息化领域数据安全管理办法	工业和信息化部	2023年1月1日
	人力遗传资源管理条例实施细则	科技部	2023年7月1日
	生成式人工智能服务管理暂行办法	国家互联网信息办公室	2023年8月15日
	网络数据安全管理条例	国家互联网信息办公室	2025年1月1日
	规范和促进数据跨境流动规定	国家互联网信息办公室	2024年3月22日

续表

规则类型	名称	制定主体	生效或实施时间
自贸试验区（港）相关政策	海南自由贸易港建设总体方案	中共中央、国务院	2020 年 6 月 1 日
	海南自由贸易港法	全国人大	2021 年 6 月 10 日
	关于在有条件的自由贸易试验区和自由贸易港试点对接国际高标准推进制度型开放的若干措施	国务院	2023 年 6 月 29 日
	全面对接国际高标准经贸规则推进中国（上海）自由贸易试验区高水平制度型开放总体方案	国务院	2023 年 11 月 26 日
双边自贸协定	中国—澳大利亚自由贸易协定（FTA）、中国—韩国 FTA、中国—新西兰 FTA、中国—格鲁吉亚 FTA、中国—智利 FTA、中国—毛里求斯 FTA、中国—新加坡 FTA 等	中国与协议签订国	2015 年至今
国际倡议	二十国集团数字经济发展与合作倡议	G20 杭州峰会	2016 年 9 月
	全球数据安全倡议	中国	2020 年 9 月 8 日
	中国关于全球数字治理有关问题的立场	中国	2023 年 5 月
	数字经济和绿色发展国际经贸合作框架倡议	中国等 35 国联合	2023 年 10 月
	全球人工智能治理倡议	中国	2023 年 10 月

资料来源：作者根据北大法宝法律数据库（https：//www.pkulaw.com/）数据整理。

一、加速数据治理立法

我国正在持续完善数据治理的顶层设计。2020 年前，我国数据治理领域法律法规主要是《电子商务法》《网络安全法》《电子签名法》和分散在其他法律中的一些规定。2020 年 3 月，中共中央、国务院印发《关于构建更加完善的要素市场化配置体制机制的意见》，将数据作为与土地、劳动力、资本、技术并列的生产要素，要求探索建立统一规范的数据管理制度、数据隐私保护制度和安全审查制度，推动完善适用于大数据环境下的数据分类分级安全保护制度。之后，中央多个文件提出建立数据治理领域相关制度。《数据安全法》《个人信息保护法》《网络安全审查办法》《数据出境安全评估办法》《关键信息基础设施保护安全条例》《规范和促进数据跨境流动规定》《网络数据安全管理条例》等法律法规相继出台。各部委、省市也加快了本领域、本辖区数字领域的法规和制度建设步伐。

二、开展对接国际规则试点探索

由于数字贸易的前沿性、规则的复杂性，我国在对接国际高标准数字贸易规则上主要采取在自贸试验区、自贸港等开放前沿区域开展试点先行探索的方式。2020 年 6 月中共中央、国务院印发的《海南自由贸易港建设总体方案》明确海南自贸港要实现"数据安全有序流动"，提出"扩大数据领域开放，创新安全制度设计""建立健全数据出境安全管理制度体系""健全数据流动风险管控措施"。2021 年 6 月全国人大常委会颁布的《海南自由贸易港法》给予了海南在探索区域性国际数据跨境流动制度安排方面的立法授权。2023 年 6 月，国务院在《关于在有条件的自由贸易试验区和自由贸易港试点对接国际高标准推进制度型开放的若干措施》中提出，支持北京、上海、广东、天津、福建 5 个自贸试验区和海南自贸港等试点地区健全完善线上消费者权益保护制度和源代码保护等与 CPTPP、DEPA 接轨的数字贸易制度性规定，促进数字贸易健康发展。2023 年 12 月，国务院出台《全面对接国际高标准经贸规则推进中国（上海）自由贸易试验区高水平制度型开放总体方案》，提出了率先实施数据跨境流动、数字技术应用、数据开放共享治理等高标准数字贸易规则，以及推动电子支付、金融数据出境、金融科技等金融服务贸易领域涉及数字治理的措施。

三、参与自贸协定推动建立双边和区域规则

我国积极参与含有数字贸易规则的区域性和双边自贸协定。在中国已经加入的自贸协定中，RCEP 及近年来中国与澳大利亚、韩国、新西兰、格鲁吉亚、智利、毛里求斯等国签订的双边协定中都纳入了电子商务相关条款，在电子传输关税、无纸化贸易、电子签名和电子认证、国内监管框架、网络消费者保护、个人信息保护、电子商务合作等方面作出承诺，并对多方和双边关注的问题建立了对话和合作机制。在 2020 年 11 月签署 RCEP 后，中国分别在 2021 年 9 月和 11 月正式申请加入 CPTPP 和 DEPA，主动对接更高标准的数字贸易国际规则。

四、推动完善全球数字治理规则体系

中国重视通过国际合作倡议、框架等方式发出全球数据治理框架的中国

声音。2020 年 9 月，中国发起《全球数据安全倡议》，提出在全球数据治理中客观理性看待数据安全，秉持多边主义，兼顾安全发展，坚守公平正义原则。2023 年 5 月，中国向联合国提交《中国关于全球数字治理有关问题的立场》，提出坚持团结合作、聚焦促进发展、促进公平正义和推动有效治理等国际数字治理原则。2023 年 10 月，中国与阿富汗、阿根廷、白俄罗斯等 35 国联合发布《数字经济和绿色发展国际经贸合作框架倡议》，其中包含涉及数字治理领域的框架倡议；中国发布《全球人工智能治理倡议》，倡议各国应加强交流合作，共同做好风险防范，形成具有广泛共识的治理框架和标准规范，提升人工智能技术的安全性、可靠性、可控性、公平性。

积极参与全球数字治理规则、标准的制定。2019 年 11 月，国际标准化组织电子商务交易保障技术委员会在杭州成立，秘书处也落户杭州。2023 年 11 月，该委员会正式发布了全球首批电商国际标准，包括 ISO 32110：2023《电子商务交易保障——词汇》和 ISO 32111：2023《电子商务交易保障——原则与框架》。中国作为其成员方，参与了电子商务国际标准及相关的信息安全、网络安全和隐私保护、自动识别和数据采集技术等国际标准制定，参与制定联合国贸易便利化与电子商务中心（UN/CEFACT）为电子商务发布的数十项建议、标准和技术规范。

第四节　中国与 CPTPP、DEPA 数字贸易规则的差异

中国已经加入 RCEP，但在数字贸易规则的多个核心议题上与 CPTPP、DEPA 相比还存在差异，主要体现在以下方面。

一、数字贸易便利化

我国在数字贸易便利化领域的治理水平与 CPTPP、DEPA 相比已较为接近，但 CPTPP、DEPA 对数字贸易便利化标准要求更高，强调电子认证、电子发票的标准互认和系统兼容，重视数据交换、贸易文件可获得、永久免关税、减少数字贸易壁垒。我国在电子商务的交互性、贸易文本的可获得性方面仍需提升，在是否永久性免数字关税上未有明确意向。

电子商务领域交互操作法律依据不足。我国《电子签名法》从法律层面明确了电子认证与电子签名的法律效力，符合 RCEP、CPTPP 要求，但缺乏对跨国交互操作电子认证的条款和规定；《电子商务法》第七十三条表明了国家在促进电子签名、电子身份等国际互认上的立场，与 RCEP、CPTPP 协定

对交互操作"鼓励"的表述相近，规则上不存在明显差距。在电子发票领域，《电子商务法》第十四条明确了电子发票的效力，并且制定了《网络发票管理办法》，但基本是对境内电子发票管理的规定，缺乏 DEPA 所要求的符合国际标准、准则的跨境电子发票内容。DEPA 在电子发票交互操作性时用了"应保证"的强约束力表述，但我国在此领域还是空白。

电子支付领域的立法仍待完善。我国电子支付领域的法律主要在《电子商务法》第五十三条至第五十七条中有所涉及。虽然中国人民银行以指引、规章的形式对银行业和非银行业电子支付进行规范，2023 年 12 月颁布了《非银行支付机构监督管理条例》，但在立法层面，与 DEPA 提出的公开包括电子支付监管批准、许可要求、程序和技术标准的法规等要求仍有差距。

在贸易管理文件可获得性上存在差距。目前，我国仅有部分贸易管理文件有官方英文版，散见于各层级立法机关和行政机关，与 DEPA 对文件公开的语言和单一窗口获得要求存在差距，与 RCEP、CPTPP 关于贸易管理文件的公开获得条款（但未对语言提出要求）也有差距。

在数字税立场上存在差异。中国已加入的 RCEP 和其他双边自贸协定均为临时性免数字关税，与 CPTPP、DEPA 主张的永久性免数字关税仍有不同。国际对数字国内服务税费存在较大争议，虽然上述 3 个自贸协议均未涉及数字服务税，但 OECD 推动的数字经济双支柱方案将会降低单边数字税征收热度，未来是否会对 CPTPP、DEPA 产生影响也值得关注。中国拥有巨大的数字经济市场，也是数字服务贸易进口大国，数字税的走向将在一定程度上影响我国数字贸易发展。

二、数据跨境流动

我国强调数据跨境安全有序流动，在数据跨境自由流动和存储本地化上都注重国家安全和数字主权，数字的强监管性与 CPTPP、DEPA 协定条款有一定冲突。

我国对跨境数据流动实施严格的分级分类管控。《网络安全法》第三十七条明确，关键信息基础设施运营涉及个人信息和重要数据境内存储，确需跨境的应进行安全评估。其后出台的《数据安全法》对数据跨境流动明确了分类分级管理制度，对于重要数据仍适用《网络安全法》规定。2024 年 3 月出台的《规范和促进数据跨境流动规定》进一步细化和明确了可自由跨境流动的数据类型，授权自贸试验区可自行制定数据跨境自由流动负面清单。

对不同类型数据有差异化本地化存储的要求。《网络安全法》《个人信息保护法》对关键信息基础设施和达到一定数量的个人信息规定了本地化存储要求，《网络数据安全管理条例》所列行业领域重点数据和相关行政规章明确的金融、汽车数据有本地化存储要求。虽然以上数据跨境和本地化存储上的限制性规定不违背 RCEP 对公共政策目标例外由缔约国本国自行确定的条款，但 CPTPP、DEPA 的例外情形需满足"实现合法公共政策目标"，且仅在较少情况下援引例外条款，而我国在这两个方面的限制性情况涵盖了较多场景，美国贸易代表办公室曾指出我国法律存在禁止或严格限制常规的跨境数据传输情况，在申请加入这两个协定过程中这将是需要充分考量的条款。

三、数字知识产权和非歧视待遇

与 CPTPP、DEPA 相比，中国目前缔结的自贸协定中基本不涉及源代码等数字知识产权条款，国内缺乏数字产品产权方面的制度，也尚未在 WTO 电子商务提案中表达对于数字知识产权的立场，对数字领域的知识产权尚未形成完整解决方案；在数字产品非歧视待遇上，基于安全考虑对部分行业有所限制。

国内数字知识产权治理体系尚在完善中。虽然《数据安全法》第七条明确，国家保护个人、组织与数据有关的权益，但未列明数据权益的具体内容。《密码法》中有不得强制公开源代码条款，但也仅限于商用密码领域。2019年 11 月，中共中央办公厅、国务院办公厅《关于强化知识产权保护的意见》要求探索建立对跨境电商网络平台的知识产权保护。2022 年，国家知识产权局在北京、上海、深圳等 8 地开展数据知识产权保护试点工作。但总体而言，我国对数据知识产权规则仍在探索中，与 CPTPP 主张不应将源代码公开作为数据贸易先决条件存在较大差距。

非歧视待遇方面对于部分行业具有准入限制。《外商投资准入特别管理措施（负面清单）（2024 年版）》对于信息传输、软件和信息技术服务业电信公司准入限于入世承诺开放的电信业务，且有控股或股比限制，并禁止对互联网新闻信息服务、网络出版服务等 5 类行业准入。《海南自由贸易港跨境服务贸易特别管理措施（负面清单）（2021 年版）》作为全国首张跨境服务贸易负面清单，也未在涉及数据、信息行业的服务贸易上有更大突破。目前，我国负面清单的限制措施数量偏多，且限制行业与 CPTPP、DEPA 要求给予数字产品非歧视性待遇的例外存在一定偏离，CPTPP、DEPA 的棘轮机制也要求逐步减少市场准入方面的负面清单措施数量，我国还需要推动缩短差距。

四、个人信息保护和网络安全

我国已建立了"个人信息保护认证""数据安全管理认证""移动互联网应用程序安全认证"的数据安全认证体系，形成了对个人信息、重要数据的有效保护，但对个人信息传输上的限制可能会超出 CPTPP、DEPA 关于符合"合理性"要求的范围，网络审查的规定和方式曾多次被其他国家所关注，认为是可能构成贸易壁垒的规制措施。

个人信息出境管理需要完善。《个人信息保护法》从形式上具备了 DEPA 要求的个人信息法律框架的 8 项原则，并设专章明确个人信息跨境规则，明确推动国际个人信息保护规则、标准等互认，符合 RCEP、CPTPP、DEPA 在个人信息保护方面的核心精神。对 DEPA 提出的数据保护可信标志机制，《个人信息保护认证实施规则》明确了数据出境认证途径。但是，目前个人信息出境安全评估仍是事前"一事一议"，《地图管理条例》《人口健康信息管理办法（试行）》等行业性规章中仍存在禁止数据出境情况，个人信息保护涉及的"隐私"的界定尚未制定隐私权的专门法律法规，这些问题可能对数字贸易带来一定障碍。

网络安全标准和网络安全审查较为严格。根据《网络安全法》《国家安全法》《反恐怖主义法》，利用国家防火墙对互联网内容进行自动屏蔽和过滤监控，针对互联网上一些有害或不安全信息源进行精确封堵；在互联网接入方面，要求直接进行国际联网时必须使用国家公用电信网提供的国际出入口通道。这些要求是否符合 CPTPP、DEPA 合理网络管理标准存在争议，欧盟、美国、日本、加拿大和澳大利亚曾在 WTO 中就中国的网络安全法规对信息通信技术产品贸易的影响提出了关切。

目前政府数据开放规定尚属空白。《个人信息保护法》《数据安全法》中无政府数据开放条款，虽然制定了《政府信息公开条例》，但政府信息与政府数据的内涵和外延有较大区别，也未明确政府数据开放内容。国际上美国、日本、新加坡等国都较早推动政府数据开放。

五、新兴议题

金融科技合作、人工智能等新兴议题基本上是 DEPA 首先倡导的议题，其他主要的多边协定中也少有涉及，我国在以上领域的治理体系尚待建立。

金融科技立法处在探索过程中。DEPA 鼓励缔约方金融科技领域合作、人才交流和解决方案的制定。国内制度方面，《区块链信息服务管理规定》为区块链信息服务提供基本的制度依据；2019 年，在北京、上海、广州等地开展金融科技应用的试点，探索符合国情的监管沙盒；2022 年，人民银行印发《金融科技发展规划（2022—2025 年）》，提出新时期金融科技发展指导意见。但我国对金融科技和金融数字化转型的监管整体尚在摸索阶段，在参与的双边和区域性自贸协定中尚无相关条款。

人工智能领域的治理框架有待探索。人工智能治理是各国都在探索的全新议题。我国出台了《国务院关于印发新一代人工智能发展规划的通知》《新一代人工智能伦理规范》，2023 年 8 月颁布《生成式人工智能服务管理暂行办法》，2023 年 10 月发布的《全球人工智能治理倡议》阐述了人工智能治理中国方案。DEPA 作为第一个涵盖人工智能的区域性数字经贸国际规则，明确从道德和治理两个方面构建国际协调一致框架，我国与 DEPA 的主要差距是完善与国际标准对接且能推动更加便利、安全应用人工智能技术的法律制度，以及建立与 DEPA 缔约方协调一致的治理框架。

第五节　数字贸易规则差异对中国的影响

当前，我国在数字贸易核心议题上与 CPTPP、DEPA 之间的差异，不仅会直接影响加入以上国际高标准经贸规则的进程，也不利于在未来全球数据治理体系中掌握主动权。更关键的是，数字贸易发展和跨境数据流动需要内外规则兼容下保障数据要素在全球优化配置，制度性差异会形成贸易壁垒，增加市场主体的合规成本、运营成本和投资风险，影响数字贸易的长远发展。

一、规则差距直接影响中国加入 CPTPP、DEPA 进程

虽然全球并未就数字贸易形成具有普遍性共识的治理模式，但 RCEP、CPTPP、DEPA 及美日数字贸易协定（UJDTA）代表着全球主要的数字贸易规则模式，也将在较大程度上影响未来全球数字治理体系走向。从中国已加入的 RCEP 和其他区域性自贸协定看，涉及的数字贸易领域较少，主要聚焦在数字贸易便利化领域，涉及范围、约束力都与 CPTPP、DEPA 存在较大差距。从 RCEP 到 CPTPP、DEPA，中国还需要迈出制度型开放的一大步。在国内数字治理规则体系上，数据跨境流动的规制、数字贸易市场准入限制、数字知识产权法律欠缺与目前 CPTPP、DEPA 等数字贸易核心议题存在一定的兼容性问题，这些议题有的超出了我国现有法律框架的接受范围，也是我国在加入国际高标准经贸规则中最大的挑战，如何解决国内制度与国际规则适治性

障碍将直接影响我国加入 CPTPP、DEPA 的进程。

二、规则差距不利于中国在未来全球数字治理体系中的地位

与数字贸易迅速发展并成为全球经济发展重要驱动力量形成对比的是，既有的国际经贸规则基于传统的货物贸易、服务贸易，无法适应数字贸易对象、贸易方式的颠覆性变革，特别是目前全球数据要素收益错配使全球数字治理体系仍处在激烈博弈的阶段，多数国家为谋求本国数字贸易方面的利益，在数字治理中掌握主动权，多通过双边、诸边方式参与数字贸易规则构建。中国虽然是数字贸易大国，但在国际数字贸易规则中的话语权还相对有限，同时在日益复杂的地缘政治背景下，美国等国家和地区试图通过"毒丸条款"及一系列管制措施将中国排除在主流数字贸易规则体系之外。在这种背景下，在数据跨境流动、数字贸易便利化等核心议题上尽快缩小制度性差异，平衡跨境数据流动与安全的关系，求同存异地充分参与主流的国际数字经贸规则体系，有助于更快地构建符合自身和广大发展中国家利益诉求的数字贸易规则，才有可能在目前尚未形成共识的人工智能、金融科技等新兴议题上掌握主动，逐步从参与区域性数字治理走向在全球数据治理体系中形成中国主张。

三、规则差距带来的贸易壁垒将影响数字贸易的发展

数字贸易的增长离不开数据要素自由流动，数据要素自由流动需要顺畅的规则体系提供保障。根据 APEC 工商咨询理事会调查，76%的企业认为，不一致的法规和标准是数字贸易最重要的障碍。数字贸易商业模式的网络化、全球化属性更强，对一致、协调的规则和统一的标准要求更高。目前，全球数字贸易发展不平衡问题仍然突出，美国、德国、日本、韩国 4 个发达经济体的电子商务销售额在全球中的占比超过了 50%；数字服务出口规模排名前十国家中，美国、英国、爱尔兰、德国、法国、荷兰 6 个国家来自欧美，合计份额占全球的 48.9%。中国虽然数字贸易潜力巨大，但中国与其他国家尤其是主要经济体之间的规则差异会增加企业与外部数据交换、内部数据流转的运营成本和合规成本，既影响国际数字企业在中国的投资，也会对中国企业"走出去"造成制度规则适应上的"水土不服"，影响数字贸易的发展。CPTPP、DEPA 中涵盖高标准的设备本地化、数字知识产权等减少数字贸易壁垒的境内议题，要求我国在数据治理过程中进一步减少对于数字要素流动的限制，降低数字服务市场和产品准入的歧视性规定，增强数据共享和政府数据开放，完善国内数据监管与国际的协调，打破由于国内治理规则与国际规

则不一致形成的隐性数字贸易壁垒，减少我国数字贸易发展阻碍（王慧，2023）。

第六节　我国对接高标准数字贸易规则的建议

中国作为数字经济大国，需要主动应对数字贸易规模持续扩大和规则构建的形势，重视国际规则中的法治思维，尽可能使国内规则与国际规则兼容，并将部分国内规则扩展为国际规则。既要有对接国际高标准经贸规则的路径策略安排，更要在关键规则条款上实现对接，关注国际数字贸易规则变化动向，在数字经济比较优势领域和新兴议题领域前瞻立法、提出中国主张，实现从现有数字贸易规则追随者、参与者向未来数字贸易规则引领者的角色转变。

一、对标高标准数字贸易规则的路径选择

以 RCEP 作为基础。RCEP 是我国已加入的数字治理条款标准最高、缔约方最多的自贸协定，在消除贸易壁垒、推动亚太经贸一体化上有重要意义。我国应加强与 RCEP 缔约方在数字治理领域的沟通协作，以此作为参与全球数字治理的平台。

以 CPTPP 作为对接重点。美国凭借数字经济优势建立的"美式模板"在未来全球数字治理中仍具有最强影响力，积极申请加入以"美式模板"为基础的 CPTPP 有利于今后更大范围参与全球数字治理。同时，数字贸易的发展要基于经贸规则各领域的完善，从规则范围上看，CPTPP 是包含了高水平经贸规则的全面自贸协定，有助于我国全方位高水平对外开放。此外，CPTPP 缔约方还扩展到了加拿大、智利等美洲国家，有助于中国参与更宽范围的亚太数字治理体系。

以加入 DEPA 作为优先目标。一方面，我国与 DEPA 3 个缔约方具有紧密、重叠的双边或区域性经贸关系，有利于与 DEPA 缔约方达成共识，降低加入谈判难度。另一方面，DEPA 缔约方在全球数字贸易中占比不高，具有庞大数字经济规模的中国加入对提升该协议的影响力有较强意义，加入 DEPA 对各方的共赢效应将推动该进程。此外，DEPA 采取模块化的开放性加入方式，我国可求同存异，优先选择共识性强的关键性议题融入 DEPA；且考虑到 DEPA 缔约方同时也都是 CPTPP 缔约方，加入 DEPA 可推动我国与 CPTPP 更多缔约方形成数据治理共识。

通过积极参与 WTO 电子谈判形成共识。WTO 仍然是全球多边贸易体制的基础，在全球数据治理中具有重要作用。我国在 WTO 电子商务谈判中主要针对电子商务便利化提出提案。在未来对接高标准数字贸易规则中，应利用好 WTO 电子商务谈判的平台作用，更加积极、前瞻地聚焦核心数字规则议题，提出符合我国数字贸易发展方向、凝聚多方共识的包容性提案。

以自贸试验区（港）作为规则对接的试验区。通过在自贸试验区（港）先行实施高标准经贸规则，进行压力测试，查找对接中的法律制度盲点。尽快落实在海南自贸港实施"安全有序"数据跨境流动制度安排，落实上海推进高水平制度型开放要求中的数字贸易规则部分，探索对接 CPTPP、DEPA 核心条款要求，坚持"先立后破，不立不破"的原则，在守住数字领域风险底线前提下，由点到面逐步推动全面对接。

二、完善数字贸易便利化领域交互性、精细化治理

通过立法明确数字贸易的交互性规定。在保障数据安全前提下，对照国际标准加快数据跨境交互，加强国际合作，实现数据共享。尽快完善电子签名、电子认证、电子发票、电子支付等制约跨境电商发展的数字贸易便利化领域的交互性立法。特别关注跨境电子支付交互性标准、电子支付平台监管等制度滞后于数字贸易发展需求的情况，前瞻性地考虑跨境电子支付高效、安全和国际合作的立法需求，提升跨境电子支付效率、保障跨境电子支付安全。

提升数字贸易便利化中的细化管理标准。关注 DEPA 对于数字贸易相关文件获得性和语言版本的要求，尽快将我国相关文件电子版全面梳理，制定英文版或其他联合国认可的语言版本，通过单一化窗口予以发布。

三、建立符合国际规则语境的安全有序的数据流动法律制度

从法律层面对安全例外予以明确。有必要梳理限制数据自由流动和强制数据本地化存储的规定，在保障数据安全和维护数据主权前提下，对 CPTPP、DEPA 要求的"实现合法公共政策目标"通过法律形式予以清晰界定。厘清目前法律法规规定的例外情形中哪些是符合国际规则语境的，哪些是不符合的，还有哪些是遗漏的，并通过法律法规形式进行调整。在做好数据分类和确权基础上，减少非例外数据自由流动贸易壁垒，实现数据流动与安全之间的平衡。

建立数据流动认证和白名单机制。借鉴欧盟、日本等经济体数据流动白

名单机制，对于数据保护水平高于我国数据保护要求的 CPTPP、DEPA 缔约方或其他经济体，建立符合可信、可控跨境数据流动安全认证认可机制，动态对白名单经济体的数据保护措施进行评估，畅通数据流动通道，实现与白名单经济体间数据流动效率的提升。

加强数据流动监管和治理能力。在国家机构改革设立国家数据局统筹推进数字治理体系建设基础上，改变当前跨境数据流动的监管机制、机构、职责范围等仍缺乏制度规定的现状，坚持系统集成思维，在推进数据监管立法过程中重点关注企业普遍关心的数据流动的共性问题，优化数字贸易营商环境。

四、在个人信息保护和网络安全领域充分统筹数据开放与安全

对照 DEPA 规定框架进一步完善我国个人信息保护立法。健全在个人信息监管互认、数据保护可信标志机制互认方面的法律合作；对标 DEPA、CPTPP 主要缔约方对隐私的界定，立足我国国情特色，从法律上明确隐私的范围；完善医疗、金融等敏感领域与《个人信息保护法》相关规定的对接。

完善网络消费者保护内容。对照 DEPA 对网络消费的欺诈、误导、欺骗行为分类，通过立法加以明确，对跨境网络消费者纠纷建立必要的司法援助机制，提升对国际争端解决机制的应诉能力。

建立健全数据出境安全管理法律体系。推动各行业主管部门尽快明确本行业重要数据目录；建立违反我国数字安全相关法律法规的跨境数据主体、网站负面清单，保障安全前提下对接国际网络管理标准，在做好政府数据确权基础上完善政府数据公开的法律。

五、尽快实现数字知识产权和非歧视性待遇制度的突破

通过立法完善数字知识产权特别是源代码、密码技术等相关制度。可通过修法或重新立法的方式增加源代码、密码技术等内容，在保护数字安全基础上明确例外情形，对关键基础设施设备的源代码坚持安全审查，在维护网络安全与数据开放之间实现较好的平衡。

关注数字产品非歧视性条款对数字产业和意识形态的影响。对目前数字产品准入敏感领域进行梳理，建立准入负面清单，对于无法纳入负面清单且一旦加入相关自贸协定后可能产生较大冲击的领域做好应对准备。在非歧视性条款准入上加强国家意识形态安全审查，对于违反我国法律的数据、网站依法采取相关措施。

六、在数字贸易新兴领域争取实现中国规则引领

加强在金融科技领域的立法和监管。对标 DEPA 促进金融科技合作、创新的原则，明确对数字资产交易等的监管；尽快出台金融科技监管沙盒的相关制度，以金融监管沙盒方式促进金融科技创新；关注金融科技前沿问题，通过不同的应用场景加强与各国金融科技领域的合作。

加快人工智能前瞻性立法和动态关注。借鉴美国做法，将近年来我国在人工智能领域的规划、规范和国际倡议中的理念和核心思想转化为立法，在保证安全性基础上，发展可信赖、可见度、可审核的人工智能技术。保持在人工智能领域治理的前瞻性，根据技术发展的情况动态地进行规则调整，引领数字贸易新兴领域规则制定。

第五章　RCEP 与 CPTPP 的金融服务开放比较研究

　　金融是现代经济的核心，金融服务开放是对外开放的重要内容，金融服务是服务贸易的重要组成部分，自由贸易协定（尤其是大型区域性自由贸易协定）中的金融服务条款是国际经贸规则的重要内容。

　　《区域全面经济伙伴关系协定》（RCEP）和《全面与进步跨太平洋伙伴关系协定》（CPTPP）作为全球两大区域性自由贸易协定，其金融服务条款既有相同之处，也存在诸多差异。关于 CPTPP 及其前身 TPP 在金融服务方面的研究已有不少，例如，韩立余（2018）和中国社会科学院世界经济与政治研究所国际贸易研究室（2016）分别对 TPP 进行了解读；石静霞和杨幸幸（2017）分析了 TPP 的金融服务规则；朱隽等（2019）对 CPTPP 的金融服务规则进行了分析；龙飞扬和殷凤（2019）对 TPP、USMCA、KORUS（美韩自贸协定）中的金融服务负面清单和上海自贸试验区服务贸易负面清单中的金融措施进行了比较，认为中国在负面清单的内容和结构方面都有诸多有待完善之处；马兰（2019）认为 CPTPP 各缔约方的金融负面清单仍是严格依托于其国内金融监管体系、权衡各方利弊后的结果；张方波（2020）比较了 CPTPP 与 TPP "最低待遇""不符措施""例外""金融服务投资争端解决机制""金融数据本地化"等条款，认为中国在负面清单机制建设、跨境金融服务贸易市场开放、金融业开放等措施方面的差距正在缩小，但在金融数据方面的开放程度较低。关于 RCEP 金融服务条款的研究相对少一些，例如，张方波（2021）分析了 RCEP 金融服务规则文本，认为 RCEP 金融服务规则具有高标准性和包容性；马兰（2022）梳理了 RCEP 新金融服务规则的历史演进和最新发展；赵晓雷（2021）简要分析了 RCEP 金融服务条款的特点及其对我国金融开放的影响。在 RCEP 和 CPTPP 两者规则比较研究的领域，目前虽然有一些研究文献（余淼杰和蒋海威，2021；田云华等，2021），但是专门针对两者金融服务具体条款的比较研究还没有相关文献。

　　本章从框架结构、条款内容、相关定义、具体承诺等方面对 RCEP 和

CPTPP 进行了分析，发现 CPTPP 关于金融服务的条款在内容整合、覆盖领域、金融服务分类、前沿议题纳入、承诺方式、过渡期设置等方面标准均高于 RCEP。但在具体承诺上，两份协定之间有很大差异，不仅是 CPTPP 缔约方和非 CPTPP 缔约方之间的差异，而且同为两个协定缔约方的国家在两份协定中的承诺也有较大差异。就连在两份协定中均采取负面清单方式的同一个国家，其承诺也是既有重合又各自不同，并没有统一的规则或所谓的"最低要求"，各缔约方可以立足本国的实际情况特别是法律法规，作出具体的承诺。从总体上看，CPTPP 金融服务条款的开放标准要高于 RCEP，限制措施要少于 RCEP。

第一节　RCEP 与 CPTPP 金融服务条款的差异

一、内容框架的差异

从协定的框架上看，RCEP 与 CPTPP 关于金融服务内容的主要不同如下所示。

（一）章节设置的差异

在 RCEP 中，金融服务作为第 8 章"服务贸易"的附件（附件 8A），没有独立成章，但是在 CPTPP 中，金融服务单独作为一章（第 11 章）。从条款数量来看，CPTPP 中金融服务共有 22 条，RCEP 中金融服务共有 14 条，主要是由于 RCEP 中金融服务作为第 8 章"服务贸易"的附件 8A，因此在"服务贸易"一章中已有的国民待遇、最惠国待遇、市场准入、本地存在、承诺表等内容，在附件 8A 中就没有重复，如果纳入"服务贸易"一章与金融服务相关的条款，CPTPP 与 RCEP 中的条款数量基本一致。

（二）条款覆盖领域的差异

从条款涉及的方面来看，RCEP 与 CPTPP 的内容重合度很高，达到 73%（见表 5-1）。主要原因：一是 CPTPP 签署在前，并且具有高水平自由贸易协定标杆性的影响力，RCEP 作为后来的自贸协定，自然要借鉴 CPTPP 的经验和向其看齐。二是 RCEP 的缔约国中有 7 个国家同时是 CPTPP 的缔约国，提高两个协议的一致性，可以降低相关国家执行协议的制度成本（见表 5-1）。

表 5-1 CPTPP 与 RCEP 中金融服务条款覆盖的领域比较

CPTPP	RCEP	
第 11 章	第 8 章附件 8A	第 8 章
金融服务	金融服务	服务贸易
1. 定义	1. 定义	—
2. 范围	2. 范围	—
3. 国民待遇	—	4. 国民待遇
4. 最惠国待遇	—	5. 最惠国待遇
5. 金融机构的市场准入	—	6. 市场准入
	—	11. 本地存在
6. 跨境贸易		
7. 新金融服务	3. 新金融服务	—
8. 特定信息处理	5. 特定信息处理	—
9. 高级管理层和董事会	—	—
10. 不符措施	—	7. 具体承诺表
	—	8. 不符措施承诺表
	—	12. 过渡
	—	13. 承诺表的修改
11. 金融服务例外	8. 金融服务例外	—
12. 认可	6. 认可	—
13. 透明度和措施管理	7. 透明度	14. 透明度
	4. 审慎措施	15. 国内法规
14. 自律组织	10. 自律组织	—
15. 支付和清算系统	11. 支付和清算系统	—
16. 加速提供保险服务	—	—
17. 后台功能运行	—	—
18. 特定承诺		
19. 金融服务委员会	13. 联络点	—
20. 磋商	12. 磋商	—
21. 争端解决	14. 争端解决	—
22. 金融服务的投资争端	—	—

资料来源：作者整理。

(三) 内容整合程度的差异

CPTPP 关于金融服务内容的整合程度比 RCEP 要高。除了独立成章之外，CPTPP 第 11 章 "金融服务" 将与金融服务相关的第 9 章 "跨境服务贸易"、第 10 章 "投资"、第 28 章 "争端解决" 等内容有机整合到一起，使该章的内容全面性和整体性大大提升。而 RCEP 中金融服务作为第 8 章 "服务贸易" 的附件，相当一部分重要内容是放在第 8 章 "服务贸易" 的正文中，并且与投资、争端解决等相关章节的内容并没有像 CPTPP 那样整合到 "金融服务" 章节的内容中。

二、对金融服务相关概念的定义差异

从两个协定对于金融服务相关概念的定义来看，RCEP 关于金融服务相关概念的数量少于 CPTPP，两者对 "金融机构" "金融服务" "新金融服务" "自律组织" 等概念的定义相同，但是对其他概念的定义存在差异（见表 5-2）。

表 5-2 CPTPP 与 RCEP 关于金融服务相关概念定义的比较

CPTPP	RCEP		定义的异同
第 11 章 金融服务 第 1 条"定义"	第 8 章 服务贸易 第 1 条"定义"	附件 8A 金融服务 第 1 条"定义"	—
跨境金融服务提供者	—	—	RCEP 无此概念定义
跨境金融服务贸易或跨境提供金融服务	服务贸易		有差异
金融机构	—	金融机构	一致
另一缔约方的金融机构	—	—	RCEP 无此概念定义
金融服务	—	金融服务	一致
缔约方的金融服务提供者	—	金融服务提供者	有差异
投资	第 10 章 "投资" 中有相关定义	—	有差异
缔约方的投资者	第 10 章 "投资" 中有定义	—	有差异
新金融服务	—	新金融服务	一致

CPTPP	RCEP		定义的异同
缔约方的人（包括自然人和法人）	缔约方的法人 缔约方的自然人	—	有差异
公共实体	—	公共实体	有差异
自律组织	—	自律组织	一致

资料来源：作者根据 RCEP 和 CPTPP 文本整理。

（一）金融服务分类的差异

在 RCEP 中，金融服务按照 WTO《服务贸易总协定》（GATS）中关于服务贸易的 4 种模式进行分类，即跨境提供、境外消费、商业存在、自然人移动。但是，CPTPP 将金融服务的跨境提供、境外消费、自然人移动这 3 种模式合并称为"金融服务跨境贸易"或"金融服务跨境提供"，将商业存在模式定义为"另一缔约方的金融机构"。

（二）金融服务提供者的定义不同

关于金融服务提供者，RCEP 定义为"寻求提供或正在提供金融服务的一缔约方的任何自然人或法人，但是不包括公共实体"；CPTPP 定义为"从事提供金融服务的人"，但在第 11 章"金融服务"第 2 节"范围"中规定，"本章不适用于金融服务的政府采购，不适用于与跨境金融服务提供者有关的补贴或拨款，包括政府支持贷款、担保和保险"。

（三）CPTPP 对公共实体的定义比 RCEP 宽泛

关于公共实体，CPTPP 的定义是"指缔约方的中央银行或货币当局，或缔约方所有或控制的任何金融机构"；RCEP 则定义为"（1）一缔约方的政府、中央银行或货币当局，或由一缔约方拥有或控制的、主要为政府目的执行政府职能或从事活动的实体，不包括主要以商业条件从事金融服务提供的实体；或者（2）行使通常由中央银行或货币管理机构行使之职能的私营实体"。考虑到中国的国有银行和国有金融机构在金融体系中的主导地位，两者关于"公共实体"定义的差异非常关键，未来可能是中国加入 CPTPP 谈判的焦点之一。

（四）CPTPP 专门界定了金融服务的投资

CPTPP 在金融服务相关概念的定义中，有"投资"的概念，界定了"投资"中属于"金融服务"的内容，即将金融投资与直接投资相分开。在 CPTPP 第 9 章"投资"的定义中，投资包括"企业的股票、股份或其他形式的股权参与；债券、金融债券或其他债务工具和贷款；期货、期权和其他衍生品"。第 11 章"金融服务"关于"投资"的定义中进一步明确，"就贷款或债务票据而言：（1）对金融机构的贷款或金融机构发行的债务票据，只有被金融机构所在地缔约方作为监管资本对待时，才视为投资；以及（2）除第（1）项所指的对金融机构的贷款或金融机构发行的债务票据外，金融机构发放的贷款或其所有的债务工具不属于投资；为进一步明确，跨境金融服务提供者发放的贷款或其所有的债务工具，除对金融机构的贷款或金融机构发行的债务票据外，如果满足第 9.1 条（关于投资的定义）规定的投资标准，视为第 9 章（'投资'）意义上的投资"。

RCEP 在第 10 章"投资"的定义中，对"投资可以采取的形式"第 2 项"法人的债券、无担保债券、贷款及其他债务工具以及由此派生的权利"作了两处脚注说明，"一缔约方向另一缔约方发行的贷款不是投资""一些形式的债务，如债券、无担保债券和长期票据，更可能具有投资的特征，而其他形式的债务，如因销售货物或服务而立即到期的付款请求权，则较不可能具有投资的特征"。在第 8 章"金融服务"中，没有对金融服务涉及的投资作进一步说明。

可以看出，CPTPP 更好地区分了贷款和债务工具作为股权和债权的区别，即除了对金融机构的贷款或金融机构发行的债务票据被金融机构所在地缔约国作为监管资本对待之外，金融机构发放的贷款或其所有的债务工具不属于投资。RCEP 没有作这种区别。

三、共有的主要条款的差异

虽然 RCEP 和 CPTPP 两者金融服务条款覆盖领域的重合度达到 70% 以上，但是在具体条款内容上，除了自律组织、支付和清算系统 2 个条款内容完全相同、适用范围条款的内容基本一致之外，其他条款的内容都存在不同程度的差异。

（一）市场准入

WTO 的 GATS 关于市场准入规定了不得采取数量配额或经济需求测试的

方式，包括限制服务提供者的数量、服务交易或资产总值、服务产出总量、就业者总数、通过特定类型法律实体或合营企业、外资持股比例 6 个方面。RCEP 和 CPTPP 的市场准入条款内容基本一致，区别在于 RCEP 采用了 GATS 上述 6 个方面的内容，但是 CPTPP 只采用了前面 5 个方面的内容，没有不得"以限制外国股权最高百分比、限制单个或总体外国投资总额的方式限制外国资本的参与"的内容。

（二）国民待遇

虽然 RCEP 与 CPTPP 的文字表述不同，但是实质内容基本上是一致的，即给予另一缔约方的金融机构或金融机构的投资者不低于本国同类服务提供者或投资者的待遇。但是，CPTPP 侧重于从投资者的角度来表述，强调"境内金融机构以及境内金融机构中的投资的设立、取得、扩大、管理、经营、运营、销售或其他处置方面"，关注金融服务的全流程；RCEP 侧重于从服务本身的角度来表述，强调"同类服务和服务提供者的待遇"。

（三）最惠国待遇

RCEP 与 CPTPP 均规定，一缔约方给予另一缔约方的相关待遇，"不得低于其给予任何其他缔约方或任何非缔约方的待遇"。区别在于，CPTPP 区分了给予另一缔约方的投资者、金融机构、投资者在金融机构中的投资、跨境金融服务提供者 4 种不同情况下的待遇，而 RCEP 没有区分上述不同情形，统一称为"另一缔约方的服务和服务提供者的待遇"。

更重要的是，与 CPTPP 普遍适用最惠国待遇不同，RCEP 规定了 3 种不适用最惠国待遇的情形：一是每一缔约方保留依照任何已生效的或于本协定生效之日前签署的双边或多边国际协定采取或维持任何措施的权利，以给予任何其他缔约方或非缔约方服务和服务提供者不同的待遇。二是每一东盟缔约方保留依照东盟缔约方间作为广泛经济一体化进程的一部分，就货物、服务或投资贸易自由化所签署的协定，采取或维持任何措施以给予任何其他东盟缔约方服务和服务提供者不同待遇的权利。三是本章的规定不得解释为阻止任何缔约方对任何毗邻国家授予或给予利益，以便利仅限于毗邻边境地区的在本地生产和消费的服务的交换。

在上述规定下，最惠国待遇在 RCEP 中就不是像 CPTPP 那样普遍地适用，在 RCEP 保留各国在 RCEP 前所签署协定的优惠、东盟内部的优惠、边境优惠的情况下，实际上形成了区域内多层次的优惠水平。

（四）新金融服务

新金融服务是 RCEP 和 CPTPP 中关于金融服务的一个特定概念，指的是尚未在该缔约方领土内提供而已在另一缔约方领土内提供的金融服务，且包括一金融服务的任何新交付方式或销售该缔约方领土内尚未销售的一金融产品。两个协定在新金融服务的概念和允许提供新金融服务的表述上是一致的，但是 CPTPP 比 RCEP 多了关于授权的具体规定："一缔约方可以决定提供新金融服务的机构形式及法人形式，并可要求提供此类服务需经授权。如果缔约方要求金融机构提供新金融服务需要获得授权，应在合理时间内作出是否给予授权的决定，且仅可以出于监管原因拒绝授权"。CPTPP 还进一步明确："本条的任何规定都不阻止一缔约方的金融机构向另一缔约方提出申请，要求其授权提供在任一缔约方境内没有提供的金融服务。该申请应依据提出申请的缔约方的法律"。CPTPP 关于授权的规定，提高了条款的可执行性。

（五）透明度

RCEP 与 CPTPP 在透明度方面的表述基本相同，但是几个细节之处表明 CPTPP 的透明度更高一些：一是 RCEP 规定，"一缔约方监管机关应当向另一缔约方的利害相关人提供完成与提供金融服务相关的申请所需的要求"，而 CPTPP 的规定是"公开提供"，不仅仅是向"利害关系人提供"。二是在作出行政决定方面，RCEP 规定"在所有相关程序完成并且收到所有信息之前，一项申请不得被视为已完成"，而 CPTPP 更加具体、更加公开，"只有举行了所有相关的听证会，且收到了所有必要的信息，申请才视为是完整的"。三是关于作出行政决定的期限，RCEP 是 180 天，CPTPP 是 120 天。

（六）金融服务的例外

RCEP 的规定相对原则性，而 CPTPP 的规定更加具体。

RCEP 规定：附件 8A"金融服务"中的任何规定不得解释为阻止一缔约方采取或实施必要的措施以确保与本附件不相抵触的其法律或法规得到遵守，包括与防止欺骗和欺诈行为或处理金融服务合同违约后果有关的措施。该措施应遵守下列要求，即上述措施不得以在相似情形的缔约方之间或缔约方和非缔约方之间构成任意或不当歧视的方式适用，或对金融机构投资或金融服务贸易构成变相限制。

CPTPP 中除了上述 RCEP 规定外，还作出了具体的例外规定：

一是基于审慎原因（包括维护单个金融机构或跨境金融服务提供者的安全、稳健、完整或其财务责任，以及支付清单体系的安全性及金融与运营的完整性）采取的措施，包括为保护投资者、存款人、投保人以及金融机构和跨境金融服务提供者对其负有忠实义务的人采取措施，不受禁止。

二是"金融服务"一章的规定，不适用于任何公共实体在货币政策、相关信贷政策或汇率政策方面采取的普遍适用的非歧视措施。

三是一缔约方可以通过公平、非歧视，以及善意适用于维持金融机构或跨境金融服务提供者的安全、稳健、完整或其财务责任有关的措施，阻止或限制金融机构或跨境金融服务提供者向其附属机构或关联人转移（资金）。

（七）信息转移与信息处理

信息转移与信息处理是自贸协定中的前沿议题，尤其是在金融信息方面。RCEP 将其作为第 8 章"服务贸易"附件 8A"金融服务"中的单独一条，CPTPP 则放到了第 11 章"金融服务"附件 B 的特定承诺中。

RCEP 规定，一缔约方不得阻止其领土内的金融服务提供者为进行日常营运所需的信息转移和信息处理，但不阻止一缔约方的监管机构出于监管或审慎原因要求其领土内的金融服务提供者遵守相关的法律法规，也不限制一缔约方保护个人数据、个人隐私和账户机密的权利。

CPTPP 允许另一缔约方的金融机构（外资金融机构）以电子或其他形式，将信息传入或传出该国境内，进行机构正常业务中所必需的数据处理，但不限制一缔约方采取措施：（1）保护个人数据、个人隐私和账户机密；或（2）基于审慎考虑，要求金融机构从监管机构获得事先许可以指定特定企业为该种信息的接收者。

关于金融信息的跨境提供，CPTPP 和 RCEP 均以正面清单的方式承诺。在 CPTPP 中，智利、新加坡关于金融信息处理要求事先从监管者获得授权，墨西哥、秘鲁、越南关于金融信息转移和金融数据处理均需要事先从监管者处获得授权。但在 RCEP 中，中国、日本、澳大利亚、新西兰、越南等承诺允许金融信息提供和转移，新加坡只允许路透、彭博，以及在新加坡分行与总部、集团内分行之间的信息转移。

相较而言，CPTPP 在金融信息传递和处理方面开放度更高，而 RCEP 更强调各国国内法律的适用。

（八）金融服务委员会、磋商和争端解决

CPTPP 设立了金融服务委员会，由各缔约方主管金融服务的机构的官员

组成，负责第 11 章"金融"的实施、完善、审议问题、参与争端解决。RCEP 无此委员会安排，仅以"联络点"列出各缔约方负责金融服务的机构。

RCEP 关于磋商的条款比较简单，只是说明一缔约方可以就任何事项请求另一缔约方进行磋商，该另一缔约方应当考虑。CPTPP 则进一步要求：（1）磋商应向金融服务委员会报告结果；（2）对进行磋商有关事项的信息交换和参加人员进行了说明。

在争端解决方面，RCEP 仅规定，根据第 19 章"争端解决"成立的专家组应具备必需的专业知识（第 19 章中对专家的资格有规定）。CPTPP 方面，一是在其第 28 章"争端解决"的基础上，提出了专门的金融服务争端解决的内容；二是在专家的资格方面，特别规定"应具有金融服务法律或实践（包括金融机构监管）的专业知识或经验"；三是很重要的一点，专门有"金融服务的投资争端"一条，对于一缔约方的投资者根据第 9 章投资中"投资者——国家争端解决机制"，就与金融机构、金融市场或工具的监督与管理有关的措施提出仲裁请求，而被申请人援引"例外"（基于审慎原因采取的措施，公共实体在货币政策、信贷政策、汇率政策方面采取的普遍适用的非歧视措施，为维护金融安全、稳健采取的非歧视及善意措施等）抗辩的情况下，专门制定仲裁的规定。

四、CPTPP 独有的金融服务条款的内容

在 CPTPP 的"金融服务"一章中，高级管理层和董事会、加速提供保险服务、后台功能运行、特定承诺等条款是 RCEP 所没有的。

（一）高级管理层和董事会

缔约方不得要求另一缔约方的金融机构任用任何特定国籍的人为高级管理人员或其他必要人员，以及董事会的非少数（more than a minority）成员由该缔约方的国民或境内居民组成，或两者联合组成。但在 CPTPP 各缔约方的负面清单中，除了日本、文莱和秘鲁，其他缔约方均有关于此项的不符措施。

（二）加速提供保险服务

"加速提供保险服务"的主要内容包括：允许推出产品，除非这些产品在合理期间内未获批准；除出售给个人的保险以及强制保险外，同一种类的保险产品无批准或授权要求；对推出产品的次数或频率不施加限制。

（三）后台功能运行

缔约方承认，位于其境内的金融机构，通过位于其境内或境外的总机构、附属机构或非关联的服务提供者，运行后台功能，对该金融机构的有效管理及高效运转非常重要。缔约方可以要求金融机构确保遵守适用于这些功能的任何国内要求，同时承认避免对这些功能运行施加武断要求的重要性。但这一规定"不阻止一缔约方要求位于其境内的金融机构保留某些功能"。

（四）特定承诺

特定承诺采取附件的方式，对投资组合管理、信息的传递、邮政保险实体提供保险服务、电子支付卡服务、透明度考虑等进行了具体规定。

投资组合管理方面，一缔约方应允许在另一缔约方境内组建的金融机构向位于其境内的集合投资计划提供投资建议以及投资组合管理服务（不包括信托服务以及与管理集合投资计划无关的保护服务及执行服务），并根据各缔约方国内法律对其"集合投资计划"进行了定义。

邮政保险实体是指向公众承保并销售保险、缔约方邮政实体拥有或直接间接控制的实体。如果一缔约方允许邮政保险实体向一般公众承保及提供直接保险服务，则不应对邮政保险实体创造比市场上同类保险服务的私人提供者更加优惠的竞争条件，包括更加宽松的许可条件、更加优惠的分销渠道条件、不同的监管和执法行动。

电子支付卡服务方面，一缔约方应允许另一缔约方的人从该另一缔约方境内向其境内提供支付卡交易的电子支付服务（即金融交易的处理，如余额认证、交易授权、银行对个人交易的通知，以及就授权交易的有关机构的净财务状况提供日常摘要和说明），并可以要求：（1）向相关监管机构登记或取得许可；（2）必须是其他缔约方境内提供此种服务的提供者；（3）在该缔约方境内指定代理，设立代表处或销售办公室。此外，对各缔约方支付卡进行了定义，同时明确，在智利、墨西哥，要设立附属公司并获准成为支付网络参加者；在越南，必须通过越南国家银行许可的国家传输设施经营的网关提供。

上述 CPTPP 金融服务中独有的条款，使得其覆盖的范围更广（包括后台功能、邮政保险机构等其他自贸协定少有涉及的领域）、开放标准更高，也更适应金融全球化趋势下大型跨国金融机构将中后台服务进行跨境外包的需要。

第二节　金融服务开放承诺条款比较

CPTPP 和 RCEP 中金融服务开放的承诺方式，均是既有正面清单，又有负面清单，但是这两种方式在两个协定中运用的领域和方式却各不相同。

一、金融开放承诺方式的差异

CPTPP 中，关于金融服务跨境贸易的承诺，各缔约方采取正面清单方式，作为第 11 章 "金融服务" 的附件 A，但此处正面清单并没有采取 GATS 中通用的正面清单格式，即就金融服务部门（Sector）中各个子部门（Sub-sector）的 4 种服务贸易模式的市场准入和国民待遇是否有限制逐一作出具体承诺，而是仅列出了承诺开放的子部门，对于其中的限制措施，则放到了负面清单中。各缔约方的负面清单主要针对在本国境内其他缔约方的金融机构在国民待遇、最惠国待遇、市场准入等方面的不符措施，也包括金融服务跨境贸易的不符措施。

表 5-3　RCEP 与 CPTPP 金融服务承诺方式比较

自贸协定			金融服务跨境贸易（跨境提供、境外消费、自然人流动）	另一缔约方的金融机构（商业存在）
CPTPP			正面清单	负面清单
RCEP	CPTPP 国家	新西兰、越南	正面清单	
		日本、澳大利亚、文莱	负面清单	
		新加坡、马来西亚	负面清单（附件 "金融服务具体承诺" 为正面清单）	
		韩国、印度尼西亚		
	非 CPTPP 国家	中国、柬埔寨、老挝、缅甸、菲律宾、泰国	正面清单	

资料来源：作者根据 RCEP 和 CPTPP 文本整理。

注：CPTPP 中，马来西亚和越南将关于金融服务跨境贸易的一些限制措施列入负面清单。

RCEP 中的金融服务开放承诺，日本、韩国、澳大利亚、新加坡、文莱、马来西亚、印度尼西亚 7 个缔约方采取了负面清单方式，中国、新西兰、越南、泰国、菲律宾、缅甸、老挝、柬埔寨 8 个缔约方采用正面清单方式。但是新加坡、马来西亚、韩国、印度尼西亚在其负面清单中，又采取附件 "金融服务特殊承诺" 的方式，以正面清单具体列出了各个金融服务子部门的开放承诺，这种在负面清单中又出现正面清单的方式，在大型的区域性自由贸易协定中有可能是仅有的，其不仅增加了对相关国家金融服务开放承诺理解和执行的复杂性，而且与仅采取负面清单方式相比，降低了开放水平（见表5-3）。

二、是否有过渡期的差异

CPTPP 对于各缔约方的金融服务开放承诺，除了对越南在生效后 3 年内对不符措施的修订在没有降低标准的情况下不适用国民待遇、市场准入等相关条款之外，不设过渡期。

RCEP 规定，服务贸易中采取正面清单方式作出承诺的缔约方，应在协定生效后 3 年内（柬埔寨、越南、老挝为 12 年内）提交负面清单方式的承诺表，并将于协定生效后 6 年内（柬埔寨、越南、老挝为 15 年内）转化为负面清单。

过渡期的设置，虽然照顾了区域内发展水平低的国家的利益，但是不利于 RCEP 的整体开放水平的提高，尤其是柬埔寨、越南和老挝从正面清单到负面清单的过渡期长达 15 年。

三、金融服务开放正面清单的比较

CPTPP 对于金融服务跨境贸易采取正面清单的方式作出承诺，可以与在 RCEP 中对金融服务采取正面清单方式作出承诺的中国、越南、新西兰以及新加坡、马来西亚的"金融服务具体承诺"清单进行对比。

本节主要对金融服务的跨境提供模式进行比较，原因在于：（1）对于境外消费，CPTPP 规定各缔约方应允许境内及无论位于何地的本国国民在其他缔约方境内购买金融服务，RCEP 中各缔约方基本上没有此方面的限制；（2）对于自然人流动的规定，RCEP 主要体现在水平承诺（对所有部门均适用的承诺）中关于人员的专业资质方面的规定，CPTPP 则主要体现在"高级管理层和董事会"的条款中，以负面清单方式列出。

CPTPP 的金融服务跨境贸易正面清单仅列出部分服务类型，寿险、银行业和证券业的主要业务种类没有包括在其中（见表5-4）。但是，RCEP 采取正面清单方式承诺的中国、越南、新西兰，以及新加坡在"金融服务具体承诺"的正面清单中，均是逐项列示金融服务各业务类型。

表 5-4　CPTPP 和 RCEP 部分缔约方金融服务跨境提供承诺的比较

服务类型	CPTPP		RCEP			
	同属 CPTPP 和 RCEP 的国家（除越南）	越南	中国	越南	新加坡	马来西亚
保　险						
1 寿险	×	×	×	×	×	×
2.1 海运、空运、运输保险	√	√（仅国际海运、空运、运输保险）	√（仅国际海运、空运、运输保险）	√（仅国际海运、空运、运输保险）	×	须经批准
2.2 空间发射和搭载	√	×	×	×	×	×
b 再保险和转分保	√	√	√	√	√	在本地无法提供时允许
3 保险附属服务	√	√	√	√	×	仅允许离岸提供
4（上述 2 和 3 的）保险经纪	√（文莱不允许）	×	√	√	√	允许再保险经纪
银行及其他金融服务（保险除外）						
金融信息转移和金融数据处理	√	√	√	√	√	×
咨询及其他辅助服务，中介除外	√	√	√	√	仅允许本地机构	仅允许本地机构

资料来源：作者整理。

注：①越南对外国保险公司向外资企业和在越南工作的外国人提供保险服务无限制；②新西兰除个别保险产品外，无限制；③新加坡对融资租赁、担保和承诺（除了保证合同、履约合同和类似的保险合同外）无限制。

此外，无论是在 CPTPP 还是 RCEP 中，关于证券业务跨境提供的承诺都很少见。在 CPTPP 中，只有日本作了这方面的承诺：按日本相关法律法规，与位于日本的金融机构及其他实体进行证券相关交易；通过位于日本的证券公司，出售投资信托及投资证券收益凭证。在 RCEP 中，中国承诺：外国证券机构可直接（不通过中国中介）从事 B 股交易；对于符合中国有关法律和法规要求的外国服务提供者，允许其向合格境内机构投资者（QDII）提供代理买卖证券、提供证券交易建议或投资组合管理、托管 QDII 境外资产等服务。

总体来看，中国在 RCEP 中对跨境提供的金融服务，保险方面的承诺水平低于 CPTPP，主要体现在以下方面：（1）海运、空运、运输保险仅限于国际保险；（2）不包括空间发射和搭载保险；（3）不包括保险的附属服务，如咨询、风险评估、精算和理赔服务。在金融信息转移和处理方面，中国的承诺与 CPTPP 一致。此外，中国有对证券服务方面的承诺。CPTPP 中只有日本在这个领域有承诺。

四、金融服务开放负面清单的比较

（一）主要的差异

日本、澳大利亚、新西兰、新加坡、马来西亚、文莱、越南 7 个国家同时是 RCEP 和 CPTPP 的缔约方，比较其在两份协定中的承诺，从数量上看其不同如表 5-5 所示。

表 5-5　同为 RCEP 和 CPTPP 缔约方的负面清单不符措施数量比较

单位：条

缔约方	CPTPP 措施数量	RCEP 措施数量	相同措施	RCEP 独有的措施	CPTPP 独有的措施
日本	3	4	2.5	1.5	0
澳大利亚	6	9	3.5	5.5	2
新加坡	25	2	0	2	25
马来西亚	21	5	2	3	18
文莱	11	17	10	7	1

资料来源：作者根据 CPTPP 和 RCEP 协定文本整理。

注：每一项不符措施如有部分内容有差异，按 0.5 项处理。

日本、澳大利亚、新加坡、马来西亚、文莱在 RCEP 中的不符措施数量均多于 CPTPP，其中有与 CPTPP 相同的不符措施，也有 RCEP 独有的不符措施，但是一些在签署在先的 CPTPP 中的不符措施在 RCEP 中却没有出现。一个重要的原因是新加坡和马来西亚在 RCEP 的负面清单中将涉及市场准入和国民待遇的正面清单作为附件，因此不符措施大大减少。还有一个原因是

CPTPP 中有"高级管理层和董事会"条款，要求要有本国公民或占大多数，由于 RCEP 中没有该条款，因此没有相关的不符措施。

（二）在 RCEP 与 CPTPP 中均采取负面清单方式的三国的比较

日本、澳大利亚、文莱在 RCEP 中比 CPTPP 增加的不符措施主要包括（新加坡和马来西亚由于在负面清单中又采取了正面清单附件的形式，不具有可比性）：

日本：在与银行和其他金融服务（不含保险）相关的金融信息提供和转移、金融数据处理和金融辅助服务（不含中介）方面，以及在跨境金融服务的境外消费方面，保留采取或维持任何措施的权利。

澳大利亚：（1）市场准入形式：外国吸收存款机构（包括外国银行）在澳大利亚经营银行业务，只能通过在当地注册吸收存款的附属公司，或者取得授权的分行，或者同时通过这两种方式；保留施加任何非歧视性限制的权利。（2）业务范围：①允许其他缔约方的金融服务提供者提供与银行和其他金融服务有关的金融信息的提供和转移，金融数据处理，以及咨询和其他辅助服务（不包括中介服务）；②确保其他缔约方在其境内组建的金融服务提供者，在获得澳大利亚的金融服务许可和其他任何必要授权，或者豁免后，从事（a）在金融机构和其他实体之间、与以批发为基础的交易相关的证券；（b）为位于澳大利亚的集合投资计划提供的投资咨询、组合管理（不包括信托），以及与管理集合投资计划相关的托管服务和执行服务。（3）境外消费：准许其居民在任何其他缔约方境内，通过咨询、中介和其他附属服务的方式，购买存款及其他可偿还的资金；购买寿险、财险、再保险和转分保。（4）非常宽泛的措施：保留对以下方面采取或维持任何措施的权利：与跨境提供、境外消费、自然人移动相关的金融服务；根据本地需求；金融服务的投资。但是，澳大利亚在 CPTPP 中的两项不符措施没有体现在 RCEP 中：（1）上市公司至少 2 名董事、非上市公司至少 1 名董事为澳大利亚常住居民；（2）所有区域性政府的现有不符措施。

文莱：（1）业务范围：外国人或外国公司不得从事下列业务，除非在文莱设立相关公司并获得许可：①直接寿险（包括年金、残疾、收入、意外和健康保险）；②直接财险（包括保证、履约及类似担保的保险）；③吸收存款或其他可偿还资金的活动；④与金融信息、金融数据处理及软件相关的跨境活动；⑤咨询及辅助服务（包括信用分析、投资及组合分析和咨询、收购和公司重组及战略咨询等）；⑥再保险和转分保。（2）文莱保留采取或维持与授予银行许可、任命金融机构关键负责人（包括高级执行官、主席和董事）有关的任何措施的权利。但是，文莱在 CPTPP 中的 1 项关于伊斯兰金融的不符措施没有体现在 RCEP 中。

从上述分析来看，采取负面清单形式的日本、澳大利亚和文莱，RCEP 均保留了其在 CPTPP 中的全部或绝大部分不符措施，并在此基础上进一步增加，增加的不符措施主要体现在以下 3 个方面：一是对一些金融服务不允许跨境提供，仅能够通过在本国设立机构的方式提供；二是具体规定了金融机构的准入形式，以及在本国的外资金融机构的一些业务范围，如澳大利亚，实际上这是正面清单性质的规定；三是提出在某些领域的保留措施，需要指出的是，澳大利亚的保留措施表述非常原则，如"根据本地需求"，导致覆盖范围非常广泛，这与其在 CPTPP 中的一些不符措施（如"所有区域性级别政府的不符措施"）具有相似之处。

（三）新加坡、新西兰、马来西亚、越南在 RCEP 正面清单和 CPTPP 负面清单中的措施比较

新加坡、新西兰、马来西亚、越南同时是 RCEP 和 CPTPP 的缔约方，在 RCEP 的金融服务开放承诺中，新西兰、越南采取正面清单方式，新加坡、马来西亚虽然采取负面清单方式，但是以正面清单方式的"金融服务具体承诺"作为附件，并且是主要内容（见表 5-6）。

表 5-6 部分 RCEP 和 CPTPP 缔约方的金融服务措施比较

单位：项

缔约方	CPTPP	RCEP	
	负面清单措施数量	负面清单措施中与 CPTPP 一致的措施数量	正面清单中与 CPTPP 负面清单一致的措施数量
新加坡	25	0	12
马来西亚	21	2	4
新西兰	10	—	1
越南	21	—	4

资料来源：作者根据 CPTPP 和 RCEP 文本整理。

注：上述国家在 RECP 中采取"金融服务具体承诺"正面清单方式，其中有很多关于市场准入、国民待遇的规定，超出了其在 CPTPP 中负面清单措施的范围。

上述 4 国在两份协定中采取了不同的承诺方式，但是从涉及的内容看，其既有重合之处，但更多的是不同的内容。在 RCEP 中，相关承诺关注的是

市场准入形式、外资持股比例、业务范围限制、地域限制等。但在 CPTPP中，不符措施关注的主要是业务范围，其次是外资股比和高管国籍，并且均有基于本国法律给予承担普惠性、基础性功能的金融机构特殊的补贴或优惠的不符措施。例如，新加坡对中小企业金融项目、交易所等资本市场基础设施提供的补贴、新西兰对具有系统重要性的金融市场基础设施机构提供补贴或补助、马来西亚可向发展性金融机构提供优惠等。

值得关注的是，各国在商业存在领域开放承诺程度相互之间存在很大差异。例如，新西兰在金融领域的开放程度很高，在 CPTPP 中的不符措施仅有10 项，在 RCEP 中除了个别保险产品指定专营外无限制措施。但是新加坡和马来西亚在 CPTPP 中的不符措施分别为 25 项和 21 项，是最多的两个国家，并且在 RCEP 中的 "金融服务具体承诺" 正面清单也是最长的，基本上在各个领域都有限制措施，即使是作为国际金融中心的新加坡，在两份自贸协定中均提出不再授予新的全面银行或批发银行许可、不新增财务公司、外国银行不得拥有一个以上的营业点，以及在业务范围上多项非常严格的限制，以保护其国内金融机构和市场。可以认为，一国的金融服务开放程度，并不是限制越少越好，而是要根据自身的发展水平确定，并形成国内法律进行保护。

第三节　政策建议

总体上看，CPTPP 关于金融服务的条款在内容的整合、覆盖的领域、金融服务的分类、前沿议题的纳入、过渡期的设置等方面，标准均比 RCEP 高。在开放承诺上，CPTPP 虽然各缔约方之间的承诺方式比较一致，与 RCEP 采取 3 种不同的组合方式相比更为统一，但是，在具体的措施上，在两份协定中，除了日本基本一致之外，其他 6 个缔约方在两份协定中的承诺均存在较多差异，虽有重合的内容，但不同领域的措施数量和内容不同。并且，在同一份协定中，不同的缔约方的承诺或不符措施涉及的领域（如准入形式、持股比例、业务范围等）并不相同，有些领域有涉及，有些领域没有涉及，有些领域措施数量多，有些领域很少，并没有统一的规则或所谓的 "最低要求"，各缔约方可以立足本国的实际情况特别是法律法规，作出具体的承诺。这是一个需要通过谈判达成的结果。从总体上看，CPTPP 金融服务条款的开放标准要高于 RCEP，限制措施要少于 RCEP。

我国金融服务开放承诺从正面清单方式转向负面清单方式已经成为一项重要且比较紧迫的工作。一方面，RCEP 已经于 2022 年 1 月 1 日生效，根据

RCEP 规定，我国在 RCEP 生效后 3 年内需要提交金融服务负面清单谈判方案，6 年内需要完成从正面清单方式到负面清单方式的转换。另一方面，我国已正式申请加入 CPTPP，需要采取负面清单方式作出开放承诺，同样需要提交负面清单谈判方案。因此，需要从以下方面加快推进金融服务开放。

一、完善金融业外商投资准入负面清单

"准入前国民待遇加负面清单管理"已经写入修改后的《外商投资法》，成为我国对外开放的原则，也是金融业开放的原则。从 2013 年上海自贸试验区外商投资准入负面清单到 2020 年全国版外商投资准入负面清单，金融业的限制措施主要集中在股东类型、股权比例、高管要求等方面，措施数量不断减少，在 2020 年全国版和自贸试验区版外商投资准入负面清单中均下降为零，但两个负面清单的说明中均提及："未列出的文化、金融等领域与行政审批、资质条件、国家安全等相关措施，按照现行规定执行。"与此同时，在上海自贸试验区 2017 年版金融服务业对外开放负面清单和 2018 年版跨境服务贸易负面清单中，金融业的限制措施分别为 48 项和 31 项。2021 年 7 月，在商务部发布的《海南自由贸易港跨境服务贸易特别管理措施（负面清单）(2021 年版)》中，金融业的限制措施为 17 项。2024 年 3 月，在商务部发布的全国版和自贸试验区版《跨境服务贸易特别管理措施（负面清单）(2024 年版)》中，金融业的限制措施均为 15 项，但在这两个负面清单的说明中也均提及："未列出的与国家安全、公共秩序、金融审慎、社会服务、生物资源、人文社科研发、文化新业态、文物保护、航空业务权、移民和就业措施以及政府行使职能等相关措施，按照现行规定执行。"建议进一步统一这几类不同的负面清单，一方面为外国投资者提供"统一视图"，另一方面也为我国研究自贸协定的负面清单承诺提供基础。

二、分类梳理金融服务的开放措施

我国目前制定的负面清单仅列出简要措施。建议按照 CPTPP 的金融服务分类（与 RCEP 相同），逐项梳理跨境交付、境外消费、自然人移动，尤其是商业存在的规定，包括允许类和限制类，并且应按照 CPTPP 的负面清单模式（RCEP 也采取同一模式），明确每一项不符措施针对的部门（金融服务）、分部门（具体的子行业，如保险经纪、货币兑换等）、相关义务（需要具体列出国民待遇、最惠国待遇、金融机构的市场准入、高级管理层和董事会、跨境贸易等其中的一项或几项）、政府级别（中央还是地方政府）、措施（具体法

律法规的名称及颁布年份)、说明（不符措施的具体描述）等。

三、完善国内金融法律法规

负面清单要求详细提供法律法规依据，尤其是不同层级政府的法律法规依据。金融管理主要是中央事权，金融监管体现以全国性的法律、国务院相关条例和国家金融监管部门的规定为主导，同时也存在一些地方性的规定，尤其是在各省市均设立地方金融监督管理局之后，一些地方出台了地方性的金融监管规定。此外，还有一些特殊区域，例如，全国 22 个自贸区也有金融改革开放的试点任务，有一些制度创新，如《中华人民共和国海南自由贸易港法》中也有金融开放措施。这些都需要统筹考虑，梳理纳入负面清单方案。

四、提高金融服务跨境贸易开放水平

市场准入负面清单针对的是金融服务的商业存在，金融服务其余 3 种模式（跨境提供、境外消费、自然人流动）在 CPTPP 中统一被归类为"金融服务跨境贸易"，在这方面，CPTPP 采取的是正面清单方式承诺，我国的承诺水平低于大部分 CPTPP 缔约方水平。由于 CPTPP 缔约方除了越南之外，对金融服务跨境贸易的承诺标准相对一致，我国作为大型经济体和后来加入者，获得例外待遇的难度较大，应首先立足自身提高开放水平。

五、注重自主开放与协定开放的协调性

2018 年以来，我国宣布了 50 多条金融开放措施，覆盖了外资金融机构的外资股比、业务范围、股东资质和资本市场互联互通等各个方面，开放的力度大，涉及范围广。要将自主开放的政策转化为法律法规，为自贸协定的金融服务谈判提供依据。同时，要关注自主开放政策与自贸协定中金融开放承诺的一致性，提高我国在自贸协定谈判中的主动性。例如，虽然我国外商投资准入负面清单中没有金融业的限制措施，但并不意味着我国金融业已经完全开放。同时，也要把握好在自贸协定中开放承诺的度，CPTPP 中不少缔约方在某些领域的开放程度并不高，并且还保留了未来采取不符措施的权利，我国应吸取这方面的做法。

六、通过立法确定特殊金融机构或项目的支持

在 CPTPP 中，多个国家都提出了基于本国法律给予承担普惠性、基础性功能的金融机构特殊的补贴或优惠的不符措施。对金融基础设施、面向中小

企业的普惠金融、面向社会公众的普惠性金融服务（部分可能带有强制性的性质）的金融机构给予特殊支持，或是采取指定专营的措施，是多个国家普遍采取的做法。我国目前在双边和区域性自贸协定中均未涉及此类内容。建议梳理这类特殊支持（包括补贴、优惠贷款、政府担保等），并采取立法的形式予以确定。

七、关注自由贸易协定"规则重叠"的成本

国际合作的"规则重叠"（一个国家同时参与多个缔约方范围不同但合作领域相同的协定或机制）已经成为国际合作的一个重要问题。例如，在RCEP缔约方中，就存在多重协定关系，既有部分缔约方之间的双边自贸协定，又有东盟10国之间更为紧密的经贸协定，还有7个国家同时是RCEP和CPTPP两个协定的缔约方。这虽然扩大了自由贸易网络，增进了相互之间的联系，但也给各个缔约方之间执行协定增加了成本，未来应重视和评估这方面的问题。

第六章　我国金融服务开放
负面清单的新进展

——基于中国—尼加拉瓜自贸协定的比较分析

　　负面清单开放是国际高标准经贸规则普遍采用的方式，同时也是我国对标国际高标准经贸规则的重要举措和推进金融领域高水平制度型开放的重要方式。2024 年 1 月，《中华人民共和国政府和尼加拉瓜共和国政府自由贸易协定》（以下简称中国—尼加拉瓜自贸协定或中尼自贸协定）正式生效，中国在国际自贸协定中的首张金融服务负面清单落地。中尼金融负面清单在形式上既与《全面与进步跨太平洋伙伴关系协定》（CPTPP）、《区域全面经济伙伴关系协定》（RCEP）中的负面清单存在相似之处，又与这些负面清单以及我国自主发布的负面清单有不同之处，其作为我国首张国际自贸协定，具有金融负面清单的试验性特点，在主动对标国际高标准经贸规则的同时，也进行了中国特色的制度规则创新，为中国即将在 RCEP 中服务贸易开放从正面清单承诺转为负面清单承诺进行了先行探索，也对未来中国加入 CPTPP 的负面清单谈判提供了重要参考。

第一节　关于我国金融服务开放负面清单的研究

　　金融领域制度型开放是建设金融强国的要求，推进金融服务负面清单开放则是我国金融高水平制度型开放的重要实现路径。国内学者对我国金融服务负面清单开放开展了诸多研究，主要集中在金融负面清单的重要性、国际规则中的金融负面清单、我国自主发布的金融负面清单等方面。

一、负面清单的概念

　　负面清单指负面清单管理模式，也称为特别管理措施，即以清单方式列出禁止或限制投资经营的领域，清单以外的领域各类市场主体皆可进入。与之对应的是正面清单管理模式，即以清单方式列出允许市场主体开展投资经营的领域，清单以外的领域不允许市场主体进入。

负面清单模式是与正面清单模式相对而言的，正面清单是"不开放是常态、开放是例外"；而负面清单是"开放是常态，不开放是例外"。与正面清单模式容易出现碎片化和管道式的开放相比，负面清单模式提高了开放的系统性和制度性，增强了政策的透明度和可预测性，更能够激发市场活力。但是，负面清单开放比正面清单开放更具有挑战性，对国内法律和制度体系完备性的要求更高，因为正面清单开放可以"先承诺后修法"，即可以先承诺开放，再修改国内与开放承诺不一致的法律或制度；但是，负面清单开放必须"先立法后承诺"，即在全面开放的前提下，如果提出某些领域不开放的限制措施，必须要有相应的国内立法作为依据。从这个意义上来看，负面清单开放模式更能体现"以开放促改革"的力度。

负面清单的特征在于以否定性列表的形式标明外资禁入的领域（王利明，2014）。负面清单与正面清单相比更能达成高水平开放（朱隽，2020）。相较于正面清单模式，负面清单模式提高了开放的系统性和制度性，增强了政策的透明度和可预测性，更能够激发市场活力。因此，在高标准自由贸易协定中，负面清单方式得到了越来越普遍的采用。

二、金融服务开放负面清单

金融服务开放是金融开放的重要内容（陈雨露和罗煜，2007；华秀萍等，2012；张明等，2021；王方宏，2022）。金融服务开放以世界贸易组织（WTO）的《服务贸易总协定》（GATS）作为基础。GATS 将金融服务分为 16 种类型①，以及跨境交付、境外消费、商业存在、自然人流动 4 种模式。各个国家通过谈判，在双边或多边自由贸易协定中，以正面清单方式或者负面清单方式，具体规定每一类金融服务在每一种模式下的开放程度。

在我国已经加入的 RCEP 中，由于各国经济金融发展水平差异很大，根据包容性原则，金融服务开放同时采取了正面清单和负面清单两种模式，前者包括日本、澳大利亚、新加坡、韩国、文莱、马来西亚、印度尼西亚 7 个

---

① 包括：（1）直接保险；（2）再保险和转分保；（3）保险中介；（4）保险附属服务；（5）接受公众存款和其他应偿还基金；（6）所有类型的贷款；（7）财务租赁；（8）所有支付和货币转移服务；（9）担保和承诺；（10）交易市场、公开市场或场外交易市场的自行交易或代客交易；（11）参与各类证券的发行；（12）货币经纪；（13）资产管理；（14）金融资产的结算和清算服务；（15）提供和传送其他金融服务提供者提供的金融信息、金融数据处理和相关软件；（16）就（5）~（15）所列的所有活动提供咨询、中介和其他附属金融服务。

国家，后者包括中国、新西兰、越南、泰国、菲律宾、缅甸、老挝、柬埔寨
8 个国家（但要求前 5 个国家在 RCEP 生效后 3 年内提出负面清单方案，6
年内转为负面清单；柬埔寨、老挝、缅甸 3 个国家所需时间分别为 12 年和
15 年）。

三、金融服务负面清单开放的重要性

金融服务负面清单开放不仅是金融服务业对外开放的重要手段，也是提
升金融服务质量和效率、促进金融市场健康发展的举措。肖本华（2017）指
出，金融服务采用负面清单的开放模式有着多重意义：一是有利于建立更加
公平的竞争机制；二是有利于形成更加健康的金融市场；三是有利于建立非
歧视性的金融服务业准入制度；四是有利于推进服务型政府经济职能的转型。
金融负面清单开放还有诸多益处，包括通过金融制度的创新来吸引外资（李
琼等，2021）、通过拓展企业投融资渠道来促进资本的跨境流动（尹开拓等，
2020）。我国金融服务采用负面清单管理模式不仅可以促进开放程度提升，还
能够通过贸易增长来带动人民币的跨境支付（易颖，2020）。崔兵和罗颉
（2023）还通过实证研究证明，实施金融业负面清单制度有助于促进我国金融
稳定性。

四、国际高标准经贸规则中的金融负面清单开放

负面清单开放模式在国际高标准经贸规则中被普遍采用。在《跨太平洋
伙伴关系协定》（TPP）、美墨加协定（USMCA）、《美国—韩国自由贸易协
定》中，金融服务开放均采取负面清单模式，包括国民待遇、最惠国待遇、
准入条件、高管及董事会、跨境贸易等相关内容，也包括不符措施、条款公
平、特殊条例及支付流程等方面的规定。但各国的负面清单设置维度及具体
内容均存在差异（闫寒，2020）。RCEP 的金融服务规则兼顾了各国金融开放
差异等实践基础，保留各国维护国内金融稳定的一系列措施，综合了前期高
标准经贸规则中金融服务条款的先进成分和文本格式（张方波，2021）。基于
这种包容性和高标准兼顾的特征，RCEP 中有 7 个国家对包含金融条款的服务
贸易作出了负面清单承诺，其他未提交负面清单谈判方案的国家可在协议生
效一定时间之内提交相关方案，再逐步转为负面清单模式。在 CPTPP 中，金
融服务规则的重要性被进一步凸显，"金融服务"被单独设立一章并设置了特
殊的负面清单结构，这与我国以往参与的自贸协定有很大不同（孙晓涛，
2022）。

五、我国金融服务负面清单开放

关于金融服务开放负面清单的研究文献也已有很多。朱隽（2020）认为，金融服务要全面落实准入前国民待遇和负面清单管理制度，实现系统性、制度型开放。马兰（2019）认为，国际自贸协定中的金融负面清单是连接国内开放措施和国际经贸规则的桥梁。张方波（2020）认为，CPTPP金融服务条款是发达国家制定跨境金融服务贸易规则的重要平台，也成为发展中国家贸易协定谈判中金融服务议题的重要参考。杨嬛和赵晓雷（2017）认为，中国金融服务负面清单的设计要通过业务限制实现有步骤、有区别的金融业开放。龙飞扬和殷凤（2019）认为，中国金融服务负面清单只有现行不符措施、限制的维度比较狭窄、没有提及互惠条款以及对特殊领域的保护措施。

我国金融负面清单开放与国际上其他国家存在不同，其他国家的负面清单开放通常出现在国家（地区）之间的双边或诸边自贸协定中。而我国由于经济体量大，开放政策需要谨慎推进，在大规模推广前通常会开展试点（王方宏，2022）。因此，我国的金融服务负面清单开放形成了既有国内自主发布的措施，也有国际上开放承诺的特点。从国内的开放区域来看，自由贸易试验区作为先行先试的重点地区，是我国金融创新和探索实践金融负面清单的重要载体（王方宏和钱智烽，2023）。而海南作为我国唯一的自由贸易港，发挥金融开放试验田作用。方昕（2023）指出，海南自贸港金融高水平开放的实践路径包括率先出台"金融高水平开放负面清单"。我国现有的外商投资准入负面清单、跨境服务贸易负面清单均分为全国版、自贸试验区版和海南自贸港版。学者们从法理、开放水平、实施状况等多个方面对我国自主发布的不同版本的负面清单有着较多的研究（龚柏华，2013；杨宏旭，2019；李计广和张娟，2023）。王方宏和李振（2022）则是就对标高标准国际规则，加快金融服务开放负面清单探索提出政策建议，包括整合现有负面清单、隐性限制显性化表述、调整优化限制措施、平衡自主公布和协定达成的负面清单、完善配套金融立法以及采取国际通用格式进行负面清单表述。

六、小结

回顾现有研究可以看出，学者们在金融服务负面清单开放重要性、正面清单与负面清单的区别、RCEP 和 CPTPP 等国际高标准经贸规则中的金融负面清单开放、我国的金融服务开放以及对标高标准国际规则等领域开展了诸多研究，并提出了许多政策建议。

但是，在我国金融服务负面清单开放领域仍然存在一些研究不够充分的方面：一是对自主开放负面清单和协定开放负面清单的区别研究得不充分；二是中尼自贸协定中我国首张协定开放的金融服务负面清单落地后，还没有学者将中尼金融负面清单与我国国内现行负面清单以及 RCEP 中的负面清单进行比较，为我国未来在 RCEP、CPTPP 等高水平国际规则中的负面清单谈判方案提出建议。基于此，本书结合我国第一张在自贸协定中的金融服务负面清单，对比中尼金融负面清单与我国自主发布的负面清单以及国际自贸协定中的负面清单，指出我国金融服务开放面临的挑战，并为我国金融服务领域对标国际高标准经贸规则提出建议。

第二节　我国金融服务开放承诺方式的演变

我国金融服务经历了一个从封闭到开放、从正面清单承诺到负面清单承诺的过程。

一、我国在自贸协定中的金融服务开放承诺

2001 年我国加入 WTO 时，对金融服务业的开放采取的是正面清单的承诺方式，主要内容如表 6-1 所示。

表 6-1　我国加入 WTO 关于金融服务开放承诺的主要内容

类别		保险业	银行业	证券业
服务贸易	跨境交付	再保险；国际海运、空运和运输保险；大型商业险经纪、国际海运、空运和运输保险经纪，以及再保险经纪	提供和转让金融信息、金融数据处理以及相关软件；就各项银行和其他金融服务项目提供咨询、中介和其他附属金融服务，包括信用调查和分析、投资和证券组合的研究和咨询、收购咨询、公司重组和战略制定的建议	外国证券机构可不通过中国中介直接从事 B 股交易

续表

类别		保险业	银行业	证券业
投资准入	股东资质	30年以上经营经验，在中国设立代表处超过2年，总资产超过50亿美元（经纪公司为5亿美元，加入WTO 4年内降为2亿美元）	设立独资银行、独资财务公司、合资银行、合资财务公司：总资产超过100亿美元设立分行：总资产超过200亿美元	—
	外资股比（最高）	非寿险：加入WTO时为51%，2年内可独资寿险：50%大型商业险经纪、再保险经纪、国际海运、空运、运输保险和再保险经纪：加入WTO时为50%，3年内51%，5年内可独资	—	加入WTO时允许设立合资基金管理公司，外资股比最高33%；3年内增至49%，3年内允许设立合资证券公司，外资股比最高33%
业务限制	地域范围	加入WTO时：上海、广州、大连、深圳和佛山2年内：北京、成都、重庆、福州、苏州、厦门、宁波、沈阳、武汉和天津3年内：取消地域限制	外汇业务：加入WTO时取消限制人民币业务：加入WTO时放开深圳、上海、大连、天津；1~4年内每年增加放开的城市，5年内取消地域限制	—
	客户/业务范围	非寿险：加入WTO时，允许提供无地域限制的"统括保单"大型商业保险，向境外企业提供保险，向外资企业提供财产险、相关责任险和信用险；2年内，向所有客户提供全部非寿险服务寿险：加入WTO时，个人服务；3年内，健康险、团体险和养老金/年金险	外汇业务：加入WTO时取消客户范围限制人民币业务：2年内允许办理中国企业的业务，5年内允许对所有中国客户提供服务	合资公司可直接从事A股的承销、B股和H股及政府和公司债券的承销和交易、基金的发起
	其他要求	外国保险机构不得从事法定保险业务向指定的中国再保险公司进行20%的分保，加入WTO后1~4年，分保比例逐步下降为15%、10%、5%、0%	从事本币业务的资格：在中国营业3年，且申请前连续2年盈利	—

资料来源：作者根据中国加入WTO承诺文本整理。

从 2001 年 11 月加入 WTO 到 2019 年 4 月，在我国与新西兰、秘鲁、瑞士、韩国、澳大利亚、东盟、新加坡等国家和地区签署的自由贸易协定中，金融服务的开放承诺均采用正面清单方式，绝大部分包含在服务贸易章节中或在服务贸易章节中以单独附件的形式出现，仅中韩自贸协定单独有"金融服务"一章，中国—智利自贸协定中无金融业的规定。虽然加入 WTO 后我国金融市场实际开放程度不断提高，外资金融机构进入中国的数量不断增加，业务范围不断扩大，资产规模持续提高，但是在这些自贸协定中，我国金融开放的承诺均未超过加入 WTO 时的承诺水平。

2018 年 4 月，习近平主席在博鳌亚洲论坛年会上宣布"中国将大幅度放宽市场准入"，加大金融服务领域的开放力度。我国金融服务开放步伐进一步加快。2018 年 4 月，人民银行易纲行长宣布 11 条金融开放的具体措施和时间表。2019 年 7 月，国务院金融稳定发展委员会办公室发布《关于进一步扩大金融业对外开放的有关举措》，推出 11 条金融业对外开放措施，大幅放宽银行、保险、证券等领域的外资市场准入和业务范围。2018 年至 2020 年 8 月，银保监会陆续出台 34 条银行业保险业对外开放措施。这些金融业扩大开放的措施，远远超出了当时我国在自贸协议中的金融服务开放承诺水平。

在 2020 年签署的 RCEP 中，虽然我国金融服务开放还是采取正面清单承诺方式，但是将 2018 年后出台的多项金融开放措施纳入了 RCEP 的正面清单开放承诺。例如，在银行业方面，取消来华设立机构的外国银行总资产要求、取消人民币业务审批等；在保险业方面，放宽外资人身险公司外方股比限制、取消外资保险机构 30 年经营年限及设立前在华设立代表处 2 年以上等要求，并首次引入新金融服务、自律组织、金融信息转移和处理等规则，同时在金融监管透明度方面作出了高水平承诺。

二、我国自主发布的金融服务开放负面清单

2013 年，在我国第一张自主发布的负面清单——上海自贸试验区外商投资准入负面清单中，对于金融业的限制涉及金融服务、资本市场服务、保险业和其他金融业 4 类。随后，随着我国自贸区的扩容，自贸试验区版外商投资准入负面清单在适用范围不断扩大的同时，对金融业限制措施不断减少。2018 年，我国第一张全国版外商投资负面清单《外商投资准入特别管理措施（负面清单）（2018 年版）》出台，进一步放宽了外资银行和金融资产管理公司的市场准入，提高了外资在金融行业的股权上限，且明确提出 2021 年取消外资股比限制。2020 年 6 月，自贸区试验区版和全国版外商投资准入负面清单

更新，其中金融业的限制完全清零。2020 年 12 月，《海南自由贸易港外商投资准入特别管理措施（负面清单）（2020 年版）》出台，其中也没有对金融业的限制措施。至此，我国的外商投资准入负面清单形成了全国版、自贸区试验区版、海南自贸港版并行的格局，且对金融业的外商投资准入已无限制。

2021 年 7 月，商务部发布《海南自由贸易港跨境服务贸易特别管理措施（负面清单）（2021 年版）》，是我国首张跨境服务贸易负面清单，列出了针对境外服务提供者的 11 大类 70 项特别管理措施，其中金融服务领域有 17 项。2024 年 3 月，商务部发布全国版和自贸试验区版的跨境服务贸易负面清单，标志着跨境服务贸易负面清单的实施范围推广至全部自贸试验区和全国范围。这两张清单的限制措施均分为 11 大类，全国版 71 项，自贸试验区版 68 项，其中金融业领域均为 15 项。涉及银行、保险、资本市场等领域。我国现行的全国版、自贸试验区版、海南自贸港版跨境服务贸易负面清单在金融服务方面有着较高的开放程度，且在形式与内容上体现出对标国际经贸规则的高标准，涵盖跨境交付、境外消费、自然人流动 3 种模式，对列入跨境服务贸易负面清单的非禁止性领域服务，由各部门按照相应法律法规规定实施管理。在跨境服务贸易负面清单以外领域，则按照境内外服务及服务提供者待遇一致的原则实施管理。

三、我国在自贸协定中的首张金融服务负面清单

2023 年 8 月，中国与尼加拉瓜签署自贸协定，2024 年 1 月 1 日正式生效，该协定是中国对外签署的第 21 个自贸协定，尼加拉瓜是中国第 28 个自贸伙伴。中尼自贸协定也是继中韩自贸协定之后第二个有"金融服务"专章的协定，是我国首个在包括金融服务在内的服务贸易领域采取负面清单方式进行承诺的协定，体现了我国金融开放在更高水平上持续扩大。

需要指出的是，中尼自贸协定中的金融服务负面清单有着较强的试点性质，尼加拉瓜金融业体量较小，双边的金融服务贸易规模极小，尼加拉瓜目前也没有金融机构进入中国，我国对尼加拉瓜实行金融服务负面清单开放，相对容易控制风险。此份金融服务负面清单的意义在于，既是在我国自主发布的负面清单的实践基础上进行了对标国际规则的总结和提炼，也为将来提出的 RCEP 负面清单谈判方案和加入 CPTPP 的负面清单谈判提供重要参考，更在逻辑与格式上与目前 CPTPP、RCEP 中的负面清单有所不同，具有较强的创新性，体现了我国引领国际规则调整的努力尝试。

在此份金融服务负面清单中，中方在 A 节中提出了 9 条现行的不符措施，

覆盖了银行、保险、金融资产管理公司、其他银行业金融机构、资产管理、证券公司、证券投资基金、期货证券投资咨询等领域，以及在 B 节中提出 9 条可能采取的不符措施，覆盖跨境贸易、保险经纪、新金融服务、政策性与开发性金融、金融基础设施及交易场所、金融信息服务、养老金管理机构等领域。

四、我国金融服务开放承诺方式的特点

从承诺方式来看，我国金融服务开放具有以下特点：一是协定开放与自主开放并行，既在双边或区域性自由贸易协定中作出开放承诺，也单方面自主推出力度更大的开放措施。二是正面清单方式与负面清单方式并行，在中尼自贸协定之前在自贸协定中均采取正面清单方式，在自主推出的开放措施中正面清单方式和负面清单方式均有采取。三是自主公布负面清单是我国金融开放的创新，从其他主要经济体的实践来看，除了在自贸协定中采取负面清单方式外，没有单方面自主公布外商投资准入负面清单和跨境服务贸易负面清单。四是多张负面清单并行，从内容看，既有外商投资准入负面清单，又有跨境服务贸易负面清单；从适用地域范围看，既有全国版，又有自贸试验区版，还有海南自贸港版，此外还有境内外市场主体统一适用的市场准入负面清单。五是从正面清单方式转变为负面清单方式，既是大势所趋，也是严峻挑战。

我国金融服务开放的承诺模式变化大体经历了以下阶段：2001 年加入 WTO 后，我国签署的自由贸易协定中采用正面清单承诺方式；2013 年开始，我国自主发布的负面清单，从上海自贸试验区试点开始，扩大到全部自贸试验区，并再推广到全国，在范围上，从外商投资准入负面清单，扩大到跨境服务贸易负面清单；从 2024 年开始，进入了以中尼自贸协定为起点的在自由贸易协定中采用负面清单承诺方式的新阶段。

2019 年，我国修订的《外商投资法》已经明确了"准入前国民待遇加负面清单管理"的原则。从实践来看，我国金融服务开放既有自主发布的负面清单，又有在自贸协定中的负面清单开放承诺。前者包括全国版、自贸试验区版和海南自贸港版的外商投资准入负面清单，跨境服务贸易负面清单中的金融业条款（2017 年上海自贸试验区还发布过专门的金融服务业负面清单）。我国签署的双边或多边自贸协定中的金融服务开放承诺，在 2024 年前以正面清单为主，2024 年 1 月，中尼自贸协定中出现了首张我国在自贸协定中的金融服务负面清单。至此，我国金融服务负面清单开放形成了自主发布与自贸

协定"双线并行"的开放格局（见图6-1）。

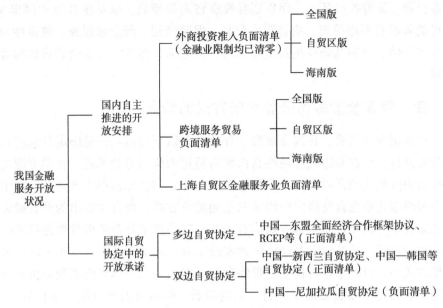

图6-1 我国金融服务开放"双线并行"现状

(资料来源：作者整理)

第三节 我国金融服务开放需要尽快 从正面清单转为负面清单

一、在自贸协定中采取负面清单的迫切性

截至2024年9月，我国已经与29个国家和地区签署了22个自由贸易协定，其中关于金融服务开放，除了中尼自贸协定外均采用正面清单承诺方式。顺应国际经贸规则发展趋势和高水平制度型开放的需要，我国需要尽快从正面清单转变为负面清单，特别是以下3个因素，使这一转变更具有紧迫性：一是2021年9月16日，我国正式申请加入CPTPP，需要提出负面清单承诺方式的谈判方案。二是RCEP已于2022年1月1日正式生效，包括中国在内的5个采取正面清单方式承诺的缔约方，需要在协定生效后3年内提出负面清单方案，并在6年内转为负面清单。三是我国正在进行的新一轮自贸协定谈判或自贸协定升级谈判中，均致力于采用负面清单承诺方式开展服务贸易和投资自由化谈判。

二、我国自主公布的负面清单与国际实践存在差异

2013年，我国开始探索对外开放的负面清单管理方式。截至2024年9月，我国已自主公布了全国版、自贸试验区版、海南自贸港版3种版本的外商投资准入负面清单和跨境服务贸易负面清单，并且在2019年修订的《外商投资法》明确规定，"国家对外商投资实行准入前国民待遇加负面清单管理制度"。但是，与RCEP、CPTPP等自贸协定中负面清单相比，我国主动公布的负面清单在承诺形式、覆盖领域、适用范围、争端解决和法律依据等方面存在差异。

三、从正面清单到负面清单是系统性改革

金融服务开放从正面清单方式转变为负面清单方式，是一项以高水平开放推动深层次改革的艰巨挑战，其难度主要体现在3个方面：一是在开放的范围上，正面清单方式只开放承诺的内容，即不开放是常态、开放是例外，负面清单则是除了清单上的限制措施外全部开放，即开放是常态、不开放是例外。二是在谈判的举证上，正面清单是外国提出要求东道国开放的方案，并论证要求东道国开放这些领域的合理性，负面清单则是东道国提出对哪些领域不予开放，并且论证不开放的理由。三是在承诺与立法的关系上，正面清单承诺是边境前（准入前）承诺，负面清单承诺是"边境后"（准入后）承诺，后者涉及的国内法程度要高于前者。

中国加入WTO采取的是正面清单的承诺方式。为了落实入世承诺，我国对国内相关法律进行了大规模修订、重新立法及清理。从数量上看，共清理了2300多件中央法律、法规和部门规章，以及19万件地方法律规章。

从正面清单转为负面清单，可能比加入WTO时的难度更大，因为加入WTO的正面清单承诺可以"先承诺再立法"，但是负面清单承诺需要"先立法后承诺"。正面清单承诺无须列出国内立法依据，无须在承诺前进行国内法律的修改或调整，只需要承诺后在规定时间内完成相关领域（不需要全面检视）的法规或政策调整，落实承诺即可。但是，负面清单的承诺需要全面检视相关领域的立法，列出国内立法依据，在承诺前完成相关国内立法的修改或调整。因此，需要坚持以开放促改革的原则，推动系统性、深层次的改革，对现有的法律法规进行系统梳理，包括中央政府、地方政府各个层级的法律法规甚至内部政策。一方面，从"法无禁止皆可为"的角度，系统梳理允许和禁止的内容，列出限制措施，这也是推进"放管服"、优化营商环境的题中

应有之义。另一方面，需要对一些因国家安全等因素不能开放或者需要给予保护的领域，完善相关立法，为负面清单提供依据。

第四节　中尼金融服务负面清单与
我国自主发布负面清单比较

中尼自贸协定中的金融服务负面清单与我国自主发布的负面清单相比，无论是形式上还是内容上都存在一定区别，例如，国内自主发布的外商投资准入负面清单对于金融业限制已经清零，但是中尼金融服务负面清单中仍然有准入要求。

一、中尼金融服务负面清单开放承诺更加透明

一是中尼金融服务负面清单明确作出全方位金融开放承诺。我国在中尼自贸协定中，将国民待遇、最惠国待遇、金融机构的市场准入、跨境贸易、新金融服务等全部纳入金融服务专章，在此基础上形成负面清单。我国自主发布跨境服务贸易负面清单虽然也统一列出国民待遇、市场准入、当地存在、金融服务、跨境贸易等，但同时说明，《跨境服务贸易负面清单》中未列出的与国家安全、公共秩序、金融审慎、社会服务、生物资源、人文社科研发、文化新业态、文物保护、航空业务权、移民和就业措施以及政府行使职能等相关措施，按照现行规定执行。相比之下，中尼金融负面清单作出的开放承诺是全方位的，在确定性和透明度方面优于国内自主发布的负面清单。

二是中尼金融负面清单涉及义务更明确。我国自主推行的服务贸易负面清单中，没有明确说明涉及哪些义务。而中尼金融服务负面清单具体说明了每一条目所涉及的义务范围（见表6-2）。其中 A 节仅涉及国民待遇和金融机构市场准入，B 节涉及国民待遇、金融机构市场准入、高管董事会、最惠国待遇、跨境贸易。也就是说，对现行不符措施保留的义务较少，对未来可能的不符措施保留的义务较多。

表6-2　中尼金融服务负面清单各条目所涉义务

章节		所涉义务				
		国民待遇	金融机构市场准入	高管董事会	最惠国待遇	跨境贸易
A节	银行	√	√	—	—	—
	保险	√	√	—	—	—
	金融资产管理公司	√	√	—	—	—
	其他银行业金融机构	√	√	—	—	—
	资产管理	—	√	—	—	—
	证券公司	√	√	—	—	—
	证券投资基金	√	√	—	—	—
	期货	√	√	—	—	—
	证券基金投资咨询	√	√	—	—	—
B节	跨境贸易	√	√	√	—	√
	保险经纪	—	—	—	—	√
	新金融服务	√	√	√	√	√
	政策性与开发性金融	√	√	√	—	—
	社会服务和中小企业	√	√	√	—	√
	金融服务	—	—	—	√	—
	金融市场基础设施及交易场所	√	√	√	—	—
	金融信息服务	√	√	√	—	√
	养老金管理机构	√	√	√	—	√

资料来源：作者根据中国—尼加拉瓜自贸协定整理。

　　三是中尼金融服务负面清单条目整合程度更高。相较于我国自主发布的负面清单，中尼自贸协定金融负面清单采用条目的形式，整合程度更高。如A节的条目1为"银行"，该条目还有两条措施，总体来看，A节、B节共18个条目，44条具体措施。自主发布的负面清单则没有对具体措施进行分类。例如，尽管全国版的跨境服务贸易负面清单中金融业限制只有15条，但其中1条可能涉及银行和其他金融机构等多个主体。相比而言，中尼自贸协定金融负面清单的分类更为清晰。

二、中尼金融负面清单在范式上对标国际高标准经贸规则

　　一是中尼金融负面清单列出未来可能采取的不符措施。在我国自主发布

的跨境服务贸易负面清单中，所列条款均为现行的不符措施，而中尼金融负面清单中的 B 节列出了未来可能采取的不符措施。这种承诺方式，在形式上对标了 CPTPP 等国际高标准经贸规则；从内容上看，中尼金融负面清单未来可能采取的不符措施原则性表述较多。中方保留的权利集中在跨境贸易、保险经纪、新金融服务、政策性与开发性金融、社会服务和中小企业、金融市场基础设施及交易场所、金融信息服务和养老金管理机构等领域（见表6-3）。

表6-3 中尼自贸协定金融负面清单中我国保留的权利

类别	保留权利
跨境贸易	中国保留采取或维持任何与中国的企业和个人向外国金融服务提供者购买金融服务有关措施的权利
保险经纪	中国保留采取或维持任何与保险经纪境外消费相关的措施的权利
新金融服务	中国保留采取或维持以下措施的权利：外国投资者在中国提供新的金融服务须符合一定要求，包括：符合相应法律法规、允许采取有限数量试点、主动通报且须经审批、可限定提供服务的机构形式、可要求成为特定协会或自律组织成员等限制
政策性与开发性金融	中国保留采取或维持任何关于向政策性金融机构和开发性金融机构提供资本支持、债券信用支持等优惠措施的权利；保留采取或维持任何关于限制外国投资者及其投资获得政策性金融服务措施的权利
社会服务和中小企业	中国保留就下述服务的提供采取或维持措施的权利：为公共利益而设立或维持的社会服务性质的服务，包括收入保障或保险、社会保障、社会福利、社会发展、减贫、公共教育、公共培训、健康保健和儿童看护；促进本国中小企业发展的服务
金融服务	1. 中国保留采取或维持根据在本协定生效日期之前实施或者签署的任一双边或者多边国际协定给予不同方差别待遇措施的权利； 2. 中国保留采取或维持根据在本协定生效日期之后实施或者签署的任一双边或者多边协定给予不同方差别待遇措施的权利； 3. 中国保留采取或维持任何对来自（1）香港地区、（2）澳门地区、（3）台湾、澎湖、金门、马祖单独关税区的投资者或者金融机构及其投资和金融服务提供者的特殊安排或优惠待遇的权利
金融市场基础设施及交易场所	中国保留采取或维持任何与证券、期货、期权及其他衍生产品的交易、结算和清算服务设施的设立、所有权和运营相关的措施的权利，此类设施包括但不限于中央证券存管机构（包括注册、存管、清算和结算）、中央对手方、证券交易和衍生品交易（包括交易系统和基础设施）、电子通信网络和指定结算银行
金融信息服务	中国保留采取或维持金融信息服务相关措施的权利
养老金管理机构	中国保留采取或维持养老金管理机构相关措施的权利

资料来源：作者根据中国—尼加拉瓜自贸协定整理。

二是中尼金融服务负面清单明确列出了不符措施的义务、层级、依据。我国自主发布的服务贸易负面清单仅有措施的描述，并没有列明具体依据。

相比之下，中尼自贸协定的金融负面清单每一条目都具体列出了部门、分部门、所涉义务、政府层级、措施、描述等方面（见表6-4），每一条具体措施都有清晰的法律依据、明确的部门和义务范围，各条款实施过程中的透明度取得较大提高，也更符合CPTPP等国际高水平经贸规则的格式范例。从格式来看，我国自主发布的负面清单采用"条"的表述，而中尼金融负面清单采用的是与RCEP、CPTPP等高标准经贸规则中负面清单相同的"表"的表述方式。

表6-4 中国—尼加拉瓜自贸协定金融服务负面清单格式（示例）

A 节

条目1 银行

部门	金融服务
分部门	银行
所涉义务	国民待遇 金融机构市场准入
政府层级	中央
措施	《中华人民共和国商业银行法》（2015），第十一条；《中华人民共和国外资银行管理条例》（2019），第十条、第十一条、第三十一条、第四十四条； 《中华人民共和国外资银行管理条例实施细则》（2019），第五十八条； 《中国银保监会中资商业银行行政许可事项实施办法》（2018），第八条； 《中国银保监会农村中小银行机构行政许可事项实施办法》（2019），第八条、第二十三条、第二十七条
描述	1. 投资银行的外国投资者应为外国金融机构；其中，取得外商独资银行和中外合资银行控股权益的外国投资者以及投资农村商业银行、农村合作银行、农村信用（合作）联社、村镇银行的外国投资者，应为外国商业银行。外国投资者不得投资民营银行 为进一步明确，仅通过境内外二级市场证券交易获得累计不超过5%的银行股权的外国投资者，不受本条目第1款所列措施的限制 2. 外国银行分行不可从事"银行卡业务"；除可以吸收中国境内公民每笔不少于50万元人民币的定期存款外，外国银行分行不得经营对中国境内公民的人民币业务

资料来源：中国—尼加拉瓜自贸协定。

三、中尼金融负面清单仍有准入限制

在我国自主发布的投资准入负面清单中，有关金融业的限制已经于2020年清零。而中尼自贸协定的金融负面清单中还保留着投资准入方面的要求，涉及各金融业态（见表6-5）。具体来看，投资准入方面的要求涉及银行、保险、金融资产管理公司、其他银行业金融机构、资产管理、证券公司、证券投资基金、期货、证券基金投资咨询 9 大类金融机构, 16 条措施, 范围覆盖了投资领域、投资比例、投资者应为外国金融机构、投资者在华持续经营时间、投资者资产规模限制等。

表 6-5　中尼自贸协定金融负面清单关于投资准入方面的限制

行业	投资准入限制
银行	投资**银行**的外国投资者应为外国金融机构; 其中, 取得**外商独资银行和中外合资银行**控股权益的外国投资者以及投资**农村商业银行、农村合作银行、农村信用（合作）联社、村镇银行**的外国投资者, 应为外国商业银行。外国投资者不得投资**民营银行**
保险	单个或多个外国投资者投资**保险公司**的投资比例不足 25% 时, 该单个或多个外国投资者应为外国金融机构（通过证券交易所购买保险公司股票的除外）, 且最近一年年末总资产不少于 20 亿美元。 **保险代理机构**的股东必须是经营保险代理 3 年以上的境外保险专业代理机构, 或开业 3 年以上的在华外资保险公司。**保险公估**机构的股东必须是经营保险公估 3 年以上的境外保险公估机构, 或开业 3 年以上的在华外资保险公司
金融资产管理公司	外国投资者不得投资设立**金融资产管理公司**。 投资于已设立的**金融资产管理公司**的外国投资者应为外国金融机构, 且外国投资者提出申请前一年年末总资产应不少于 100 亿美元
其他银行业金融机构	投资于**信托公司**的外国投资者应为外国金融机构。 投资于**金融租赁公司**的外国投资者应为外国金融机构或外国金融租赁公司, 且外国金融机构（不含商业银行）提出申请前一年年末总资产应不少于 10 亿美元, 外国融资租赁公司提出申请前一年年末总资产应不少于 100 亿元人民币。 投资于**货币经纪公司**的外国投资者应为货币经纪公司, 且应从事货币经纪业务 20 年以上, 并具有从事货币经纪业务所必需的全球机构网络和资讯通信网络。 作为主要出资人投资于**消费金融公司**的外国投资者应为外国金融机构。 投资于**信托公司、金融租赁公司、货币经纪公司、消费金融公司、财务公司、汽车金融公司以外的其他银行业金融机构**的外国投资者也应为外国金融机构, 且提出申请前一年年末总资产也应不少于 10 亿美元
资产管理	**金融资产投资公司**应当由在中华人民共和国境内注册成立的商业银行作为主要股东发起设立
证券公司	投资**证券公司**的外国投资者应当是外国金融机构
证券投资基金	投资**基金管理公司**的外国投资者应为外国金融机构或者外国管理金融机构的机构; 投资公开募集证券投资基金的独立基金销售机构的外国投资者应为外国金融机构。 **私募基金管理机构**的外国投资者应为外国金融机构
期货	投资**期货公司**且投资比例达到 5% 的外国投资者应为外国金融机构
证券基金投资咨询	投资**证券基金投资咨询机构**的境外股东应为外国金融机构

资料来源：作者根据中国—尼加拉瓜自贸协定整理。

四、两者具体内容存在差异

银行、资产管理方面，中尼金融负面清单要求更具体。在我国自主发布的负面清单中，提出未经中国银行业监督管理机构批准，境外服务提供者不得以跨境交付方式从事银行业金融机构业务活动。而中尼金融负面清单则明确指出了外国银行分行不可从事"银行卡业务"；除可以吸收中国境内公民每笔不少于 50 万元人民币的定期存款外，外国银行分行不得经营对中国境内公民的人民币业务。我国自主发布的负面清单中无资产管理方面的限制措施，而中尼金融负面清单规定了各省、自治区、直辖市、计划单列市行政区域内设立的地方资产管理公司不得超过 2 家，地方资产管理公司不得参与本省级行政区域外的金融企业不良资产批量收购、处置业务。

证券与期货等方面，中尼金融负面清单限制更加严格。在我国自主发布的负面清单中，规定了未依中国法在中国设立或未经批准的证券公司、期货公司，不得经营相关的证券、期货业务。中尼金融负面清单规定，投资证券公司、公募基金管理公司、私募基金管理机构、期货公司、证券基金投资咨询机构的外国投资者或股东应当是外国金融机构；外国企业在中国设立的分支机构不得开展证券、证券投资基金管理、公开募集证券投资基金销售、期货、证券基金投资咨询等相关业务。

经营征信业务方面，中尼金融负面清单没有限制。在国内自主发布的跨境服务贸易负面清单中，全国版与自贸试验区版规定，未经批准，境外征信机构不得在境内经营征信业务。而海南自贸港版和中尼金融负面清单没有此条。一方面，可以看出中尼金融负面清单对标国内自主发布的开放程度较高的负面清单；另一方面，也可能是由于尼加拉瓜金融业的业态不是十分丰富，故没有特别限制征信业务。

总体来看，有关具体措施表述的不同，中尼金融负面清单更多的是对主体资格的要求，而自主发布的负面清单则更多的是对从事业务的限制。可以说，自主发布的负面清单开放程度高于中尼金融负面清单。

五、小结

中尼金融负面清单相较于我国自主发布的负面清单在许多方面都更加开放，包括明确作出全方位开放承诺；明确列出不符措施的义务、层级、依据；条目整合程度更高；涉及义务更明确；列出了未来可能的不符措施等。但是，中尼金融服务负面清单仍然存在较多的投资准入要求，且具体条款的开放程度低于国内自主发布的负面清单。究其原因，国内自主发布的负面清单开放承诺是政策，而中尼自贸协定中开放安排是制度，前者无国际约束力，后者有国际约束力；前者是单边开放，后者是双边开放；前者可以自主调整，后者调整需要他国同意；前者对所有国家，后者只对特定国家；前者确定性低，后者确定性高。所以，在自贸协定中推进金融服务负面清单开放在具体条款和承诺上会比较审慎。

随着中尼自贸协定中我国首张金融服务负面清单落地，我国既有了国内的金融负面清单开放安排，又有了国际上的金融负面清单开放承诺。由于自主发布的负面清单面向所有国家，负面清单"双线并行"的格局可能带来规则重叠的问题：一是与我国签订了自贸协定的国家，如果某些条款的开放程度低于国内自主发布的负面清单，该国的市场主体适用哪套规则可能有一定的争议；二是在新签订自贸协定的谈判时，国内自主发布的开放程度过高可能抬高谈判对象的预期，增加谈判的难度。

第五节　中尼金融服务负面清单与国际高标准规则的比较

当前我国在 RCEP 中的服务贸易开放承诺仍然采用正面清单的方式，但我国需要在 RCEP 生效后 3 年内提出负面清单谈判方案，同时我国已经申请加入 CPTPP，在未来的谈判中也需要负面清单的谈判方案。中尼自贸协定中的我国首张金融服务负面清单在一定程度上具有试点性质，为今后在 RCEP、CPTPP 的负面清单谈判中提供参考。基于此，本节将主要对比中尼金融服务负面清单与国际高标准规则负面清单，并以我国已加入的 RCEP 为重点。

一、中尼金融服务负面清单涉及义务与 RCEP 负面清单国家相近

与我国在 RCEP 中的正面清单承诺相比，中尼金融服务负面清单所涉及义务更多。中尼金融服务负面清单和我国在 RCEP 中关于金融服务开放的承诺，涉及的义务范围都包括国民待遇、最惠国待遇、市场准入以及高管董事会。而 RCEP 中的本地存在、透明度以及禁止业绩要求的义务，在中尼金融负面清单中没有涉及。中尼金融服务负面清单中的跨境贸易义务在 RCEP 中没有涉及。

我国服务贸易正面清单以及外商投资负面清单涉及金融条款的义务只有市场准入和国民待遇，中尼金融服务负面清单则涉及 5 种义务，其中现行不

符措施的 A 节涉及义务主要为国民待遇和金融机构市场准入，未来可能实行不符措施的 B 节涉及的义务则更多（见表6-6）。从数量来看，中尼金融服务负面清单 A 节涉及国民待遇 8 条，涉及金融机构市场准入 9 条；B 节涉及国民待遇 7 条，涉及金融机构市场准入 7 条，涉及高管、董事会 6 条，涉及最惠国待遇 3 条，涉及跨境贸易 6 条。

表6-6 中尼金融服务负面清单涉及义务类型

章节		国民待遇	金融机构市场准入	高管、董事会	最惠国待遇	跨境贸易
A 节	银行	√	√	—	—	—
	保险	√	√	—	—	—
	金融资产管理公司	√	√	—	—	—
	其他银行业金融机构	√	√	—	—	—
	资产管理	—	√	—	—	—
	证券公司	√	√	—	—	—
	证券投资基金	√	√	—	—	—
	期货	√	√	—	—	—
	证券基金投资咨询	√	√	—	—	—
B 节	跨境贸易	√	√	√	—	√
	保险经纪	—	—	—	—	—
	新金融服务	√	√	√	√	√
	政策性与开发性金融	√	√	—	—	—
	社会服务和中小企业	√	√	—	√	—
	金融服务	—	—	—	√	—
	金融市场基础设施及交易场所	√	√	√	—	√
	金融信息服务	√	√	√	—	√
	养老金管理机构	√	√	√	—	√
数量		15	16	6	3	6

资料来源：作者根据中国—尼加拉瓜自贸协定整理。

与 RCEP 中采用负面清单承诺的国家对比，中尼金融服务负面清单涉及的义务相近。RCEP 中采用负面清单承诺方式的国家，金融领域不符措施涉及的义务类型包括国民待遇、市场准入、高管董事会、最惠国待遇、跨境服务、境外消费、商业存在、自然人存在、禁止履行规定、服务贸易和投资。印度尼西亚、新加坡涉及 3 种义务类型，日本、韩国、马来西亚涉及 4 种义务类型，澳大利亚涉及 5 种义务类型，与中尼金融服务负面清单持平（见表6-7）。RCEP 负面清单国家中，B 节涉及义务类型普遍多于 A 节，与中尼金融服务负面清单相同。

表 6-7 RCEP 负面清单承诺国家金融领域涉及义务类型

国家	章节	行业/义务类型	国民待遇	市场准入	高管董事会	最惠国待遇	跨境服务	境外消费	商业存在	自然人存在	禁止履行规定	服务贸易和投资	涉及义务类型数量
日本	A 节	银行和其他金融服务	√	—	—	—	—	—	—	—	—	—	4
		保险和保险服务	—	√	—	—	—	—	—	—	—	—	
	B 节	银行和其他金融服务	√	√	—	√	—	—	—	—	—	—	
		保险和保险服务	√	√	√	—	—	—	—	—	—	—	
韩国	B 节	金融服务（未细分行业）	√	√	—	√	—	—	—	—	√	—	4
澳大利亚	A 节	金融服务（未细分行业）	√	√	—	√	—	—	—	—	—	—	5
		人寿保险服务	√	√	—	√	—	—	—	—	—	—	
	B 节	金融服务（未细分行业）	√	√	√	√	—	—	—	—	—	—	
		银行和其他金融服务	√	√	√	—	—	—	—	—	√	—	
		保险和保险服务	√	—	—	—	—	—	—	—	—	—	
印度尼西亚	附录	银行部门	—	—	—	—	√	√	√	—	—	—	3
		非银行部门	—	—	—	—	√	√	√	—	—	—	
马来西亚	附录	银行和其他金融服务	—	—	—	—	√	√	√	√	—	—	4
		保险服务	—	—	—	—	√	√	√	√	—	—	

续表

国家	章节	行业/义务类型	国民待遇	市场准入	高管董事会	最惠国待遇	跨境服务	境外消费	商业存在	自然人存在	禁止履行规定	服务贸易和投资	涉及义务类型数量
文莱	A节	金融公司	—	√	—	—	—	—	—	—	—	—	5
		货币兑换和汇款业务	√	√	—	—	—	—	—	—	—	—	
		保险	—	√	—	—	—	—	—	—	—	—	
		保险中介	√	√	—	—	—	—	—	—	—	—	
		银行	—	√	—	—	—	—	—	—	—	—	
		保险和伊斯兰保险	—	√	—	—	—	—	—	—	—	—	
		银行和其他金融服务	√	√	—	—	—	—	—	—	—	—	
		所有部门	—	—	—	—	—	—	—	—	—	√	
	B节	资本市场	—	√	—	—	—	—	—	—	—	—	
		再保险和转再保险	—	√	—	—	—	—	—	—	—	—	
		资本市场清算与结算服务	√	√	√	√	—	—	—	—	—	—	
		银行	√	√	—	√	—	—	—	—	—	—	
		所有部门	√	—	√	—	—	—	—	—	—	—	
新加坡	B节	银行和其他金融服务	—	—	—	—	√	√	√	—	—	—	3

二、中尼金融服务负面清单与 RCEP 负面措施种类存在区别

中尼金融服务负面清单要求措施包括投资准入要求、业务限制、兜底条款和其他（见表6-8），其中，A 节主要为投资准入要求和业务限制，B 节主要为兜底条款和其他。RCEP 中采用负面清单承诺方式的国家，金融领域限制措施普遍包括投资准入要求、业务限制、高管成员限制、对本国企业的特殊支持、兜底条款以及其他（见表6-9）。可以看出，RCEP 采用负面清单的国家，其负面清单中涉及金融业的条款限制措施种类差别也比较大；印度尼西亚的限制主要集中在投资准入方面，且限制数量较多；文莱业务限制的数量较多；韩国、马来西亚、新加坡虽然限制措施只有 1~2 条，但其兜底条款保留的表述也做了原则性的保留。

表6-8　中国—尼加拉瓜金融服务负面清单措施种类

章节		投资准入要求	业务限制	兜底条款	其他	合计
A 节 （9 条 23 项）	银行	1	1	—	—	2
	保险	2	—	—	—	2
	金融资产管理公司	2	—	—	—	2
	其他银行业金融机构	5	—	—	—	5
	资产管理	1	—	—	1	2
	证券公司	1	1	—	—	2
	证券投资基金	2	1	—	—	3
	期货	1	2	—	—	3
	证券基金投资咨询	1	1	—	—	2
B 节 （9 条 21 项）	跨境贸易	—	—	1	—	1
	保险经纪	—	—	1	—	1
	新金融服务	—	—	1	—	1
	政策性与开发性金融	—	—	1	—	1
	社会服务和中小企业	—	—	1	—	1
	金融服务	—	—	3	—	3
	金融市场基础设施及交易场所	—	4	1	6	11
	金融信息服务	—	—	1	—	1
	养老金管理机构	—	—	1	—	1
合计		16	10	11	7	44

资料来源：作者根据中国—尼加拉瓜自贸协定整理。

从措施数量上来看，中尼金融负面清单的措施较多，高于所有 RCEP 中采用负面清单承诺方式的国家。但从内容来看，中尼金融负面清单措施更为具体，多数条款都是针对具体的金融业态提出具体要求。而韩国、新加坡、马来西亚等国虽然限制措施仅有 1~2 条，但其表述为涉及整个金融行业的兜底条款。如韩国保留对所有相关义务采取或维持任何影响金融服务供应的措施的权利；新加坡保留采取或维持任何影响金融服务供应的措施的权利，包括最惠国待遇、禁止业绩要求以及高级管理层和董事会；马来西亚在附录金融服务解释性说明中的银行及保险两项保留包含了 22 条具体细分条款，且马来西亚保留采取或维持任何未在清单中规定的与金融服务有关的措施的权利。

表 6-9　RCEP 负面清单国家金融业不符措施与
中尼金融服务负面清单措施种类对比

成员	协定	投资准入限制	业务限制	高管成员限制	对本国企业的特殊支持	兜底条款	其他	合计
日本	RCEP	—	1	—	—	3	1	5
韩国	RCEP	—	—	—	—	1	—	1
澳大利亚	RCEP	2	1	—	1	4	1	9
印度尼西亚	RCEP	12	—	1	—	—	—	13
马来西亚	RCEP	—	—	—	—	2	—	2
文莱	RCEP	—	11	1	2	3	—	17
新加坡	RCEP	—	—	—	—	1	—	1
中国	中尼自贸协定	16	10	—	—	11	7	44

资料来源：作者根据 RCEP 文本、中国—尼加拉瓜自贸协定整理。

三、中尼金融服务负面清单在范式上进行了制度规则创新

中尼金融服务负面清单比 RCEP 负面清单业态划分逻辑更加清晰。中尼金融服务负面清单针对不同类型的金融服务，按照领域清晰地划分为 18 个条目，其中 A 节、B 节各有互不重复的 9 个条目，共 44 项具体措施，其中还包括一些较新、较细分的业态，如跨境贸易、新金融服务等。而 RCEP 中负面清单只是按照 WTO 的《服务贸易总协定》（GATS）的保险和银行两大类划分，没有按照细分业态划分。相较而言，中尼金融服务负面清单的划分方式更有逻辑。在负面清单的业态划分方面，中尼自贸协定优于 RCEP 和 CPTPP

等国际高标准规则，是中国在自贸协定负面清单中创造性的贡献。虽然中尼金融服务负面清单分类更详细也有不符措施条数较多的原因，但是模糊性表述较少，特别是 A 节，大多措施都是针对某一具体领域的具体安排，实际开放程度仍处于较高水平。

四、中尼金融服务负面清单与 RCEP 中的负面清单具体内容存在差异

一是在中尼金融服务负面清单的业态划分中，包括新金融服务、政策性与开发性金融、社会服务和中小企业、金融市场基础设施及交易场所、金融信息服务、养老金管理机构等新业态。二是在中尼金融服务负面清单中，A节、B 节的业态均不相同，这是相较于 RCEP 负面清单，我国在负面清单范式上的创新。三是马来西亚在 RCEP 中的负面清单没有列出不符措施的依据，中尼金融服务负面清单较之更优。四是 RCEP 中采用负面清单承诺方式的一些国家中有强制性保险等方面的措施，而我国最新的中尼金融服务负面清单则没有此方面的限制，这也是我国未来需要加强立法保护的方面。

五、小结

可以看出，RCEP 中的负面清单承诺国家对于金融服务的限制措施并没有形成一个统一的体系，各国承诺的限制措施数量和具体内容也存在一定差异，这也是体现 RCEP 兼顾包容性和高标准的体现。中尼金融服务负面清单相较于 RCEP 负面清单国家业态划分更具体、清单范式更创新，但是措施数量较多。

第六节　我国推进金融服务负面清单开放的挑战

中尼自贸协定在金融服务开放上采取负面清单方式仅仅是一个尝试，还有待进一步完善和深化，尤其是尼加拉瓜作为地处中美洲的金融业发展水平不高的小国，我国对其负面清单开放的样板意义仍然有限，未来我国面向金融业发展水平较高的发达国家或者大型经济体采取负面清单开放金融服务，仍然需要进一步深化探索。总的来看，我国金融服务开放模式从正面清单转向负面清单的过程中仍然面临一些挑战，包括开放标准不统一、多张负面清单并存、原则性表述较多、一些特殊领域还有待立法保护、负面清单涉及条目仍然较多等。

一、开放标准不统一

总体来看，我国自主发布的负面清单开放程度高于我国在自贸协定中承诺的开放程度，例如，我国自主发布的外商投资准入负面清单中有关金融业的限制已经于 2020 年清零。而在中尼金融服务负面清单中，还保留了较多的有关投资准入的要求。虽然在不同的自贸协定中，根据缔约国不同的情况采取不同的开放安排体现了针对性和灵活性，但是这种标准的差异不利于透明度的提高。且 RCEP 与 CPTPP 中均有冻结机制和棘轮机制。开放标准的不统一不利于对接国际高标准经贸规则。

二、多张负面清单并存

目前，我国负面清单管理体系既有自主发布的开放措施，也有自贸协定中的开放承诺。自贸协定中的金融服务开放承诺以正面清单为主，自主发布的金融服务开放以负面清单为主。自主发布的负面清单又分为全国版、自贸试验区版、海南自贸港版。这种在国内自主发布的开放安排中采取多套负面清单的方式，虽然有利于因地制宜开放、逐步试点推广，但同时也带来了一定的复杂性和不确定性，不利于透明度的提高、统一标准的建设。

三、原则性表述较多

在我国自主发布的负面清单中，对于境外金融机构或金融服务提供者经营范围的表述，多为"未经批准，不得从事"。虽然这些表述中说明了需要哪些监管机构批准，明确了监管边界，有利于保障金融安全。但与此同时，这种表述仍然延续了正面清单的管理准则，没有达到负面清单"法无禁止即可为"的目的，增加了境外机构来华展业的不确定性，不利于稳定外国投资者的预期，也不利于对接国际高标准经贸规则。

四、有待立法保护特殊领域

由于金融服务负面清单开放"法无禁止即可为"的特点，金融创新产生时无须经过漫长的审批和立法过程。一方面，有利于激发金融活力，紧跟国际最新金融创新的动向；另一方面，也对立法工作提出了较高的要求。尽管我国已经在金融服务领域进行了多轮开放，并出台了相关政策和法规，但在负面清单的管理模式下，针对特定金融领域（如涉及国家安全、社会稳定的关键金融服务），以及发展变革较快的领域（如科技金融、数字金融）的专门立法还需加强。

RCEP中采用负面清单承诺方式的一些缔约方有强制性保险等方面的措施，而我国最新的中尼金融负面清单则没有此方面的限制。从CPTPP来看，其多个缔约方的负面清单不符措施中均有基于本国法律给予承担普惠性、基础性功能的金融机构特殊的补贴或优惠的不符措施，例如，新加坡对中小企业金融项目、交易所等资本市场基础设施提供的补贴；新西兰对具有系统重要性的金融市场基础设施机构提供补贴或补助；马来西亚可向发展性金融机构提供优惠。我国还有待完善金融立法，加强对特殊领域的保护，为未来在自贸协定负面清单的谈判中提供依据。

五、中尼金融服务负面清单条目数量仍然较多

在中尼金融服务负面清单中，中国共提出44条措施，虽然这些措施大多为具体业态的具体要求，但条数过多不利于我国在自贸协定中的谈判。特别是投资准入方面的措施数量，中尼自贸协定中有16条，而RCEP中采取负面清单承诺的国家大都已经清零。

第七节　我国金融服务负面清单开放的建议

党的二十届三中全会明确了进一步全面深化改革，要求主动对接高标准经贸规则，稳步扩大金融领域制度型开放，完善准入前国民待遇加负面清单管理模式。负面清单是金融服务开放的重要内容，在中尼自贸协定迈出了探索在自贸协定中金融服务负面清单方式开放的第一步后，我国还将提出RCEP负面清单谈判方案，未来在CPTPP以及其他双边、多边自贸协定的谈判中也需准备负面清单谈判方案。在这一过程中，我国面对的是与尼加拉瓜不同的、金融发展水平较高的发达国家或者较大规模的经济体，应把握好金融服务负面清单开放的几组关系。

一、中尼金融服务负面清单模板与国际普遍通用范式的关系

在中尼金融服务负面清单中，金融业态分类更加具体，新金融服务也纳入了细分的金融业态，这是我国在金融服务负面清单模板上的创新举措。一方面，中尼金融负面清单与RCEP负面清单模板存在的差异可能加大谈判难度；另一方面，我国在规制上的创新如在国际协定中推广成为新的范式有利于我国在国际规则体系中占据更多话语权。

鉴于 RCEP 负面清单国家中也有马来西亚、印度尼西亚采用了较为特殊的模板，我国在未来的 RCEP 负面清单方案谈判中，应尽量争取保留中尼金融负面清单中的创新范式，并尽量在更多双边自贸协定中扩大该范式的适用范围。

二、投资准入限制措施数量与开放程度的关系

在我国自主发布的负面清单中，金融业限制措施数量少于部分 RCEP 和 CPTPP 缔约方，但具体到条目上，存在较多的"未经允许，不得从事"类的表述。一条的限制范围相当于一些 CPTPP 国家负面清单的几条。在中尼金融服务负面清单中，尽管条目涉及的内容更加具体，法律依据更加明确，开放程度处于较高水平，但其 44 条措施的数量却高于 RCEP 和 CPTPP 缔约方，如以此为模板进行谈判，可能会被其他国家抓住这一问题。未来应考虑整合部分措施，减少限制措施数量。

三、自主开放与协定开放的关系

我国当前负面清单管理体系既有自主发布的负面清单，又有自贸协定中的负面清单。从国际经验来看，美国、日本等发达国家只有自贸协定中的负面清单，没有自主发布的负面清单。我国"双线并行"的负面清单是依据我国国情的制度安排。当前，我国自主公布的负面清单限制措施已经少于 RCEP 与 CPTPP 的部分缔约方，且开放程度也高于我国签署的一些双边经贸协定。我国"双线并行"虽有利于循序渐进，逐步扩大开放，但同时会不利于开放标准的统一，降低外商来华展业的透明度。

若自主发布的开放程度高于协定中的开放安排还可能给未来自贸协定的谈判设定较高的基准，抬高谈判方的预期，增加谈判难度。此外，RCEP 与 CPTPP 对于负面清单都规定有冻结条款和棘轮条款，负面清单谈判开放程度的把握也须基于此考虑，不宜在初始阶段就承诺过高水平的开放程度。因此，把握好自主开放与协定开放的关系尤为重要，两者的开放程度应逐步向接近的方向发展。

四、协定签约国普遍性和差异性的关系

中尼自贸协定中的金融服务负面清单是我国今后新签订或更新自贸协定时具有较大参考价值的范本。我国今后新签订或更新的自贸协定中可借鉴中尼金融负面清单的部分内容，设立金融服务专章和单独的金融服务负面清单；

区分现行和未来可能采取的不符措施；每一条目列明部门、分部门、所涉义务、政府层级、措施、描述等几方面，确保每一条目可以追溯法律依据。

同时，从自贸协定的签订对象来看，对于不同国家的开放承诺需要有所差异，尼加拉瓜金融业较弱，我国对尼加拉瓜的负面清单承诺不一定适用于其他金融业发展水平更高国家，所以，以中尼金融负面清单为范本新签订或更新自贸协定时根据签约国情况差异适当调整，根据双边和多边协定的区别、国家或地区金融业水平强弱的区别，在形式与规范上把握好不同负面清单的普遍性，在具体开放程度上关注不同签约对象的特殊性。

五、对外协定与国内立法的关系

负面清单管理模式在促进金融创新的同时也对国内立法工作提出了挑战。自主发布的负面清单无国际约束力，可自主调整，自贸协定中的负面清单有国际约束力，调整需要他国同意。鉴于此，我国在双边或区域性自贸协定的谈判中，在提交负面清单谈判方案前，不仅应该更加审慎，还应先行修订和完善相关法律法规，确保负面清单内容在国内法律体系中得到体现和保障，做到"先立法，后承诺"。

六、高水平开放与特殊领域保护的关系

一是加紧立法保护特殊领域，针对强制性保险等 RCEP 负面清单中有而中尼金融负面清单没有的条目，加紧立法保护，争取加入未来的金融负面清单。二是对一些金融业态的限制要求应及时落实到负面清单具体条款中。如针对第三方支付这一新业态，中国人民银行已经出台了《非银行支付机构监督管理条例》，但金融服务负面清单中未涉及该业态，外商在进入我国时只能按照国内负面清单的兜底条款"按照现行法律"执行。此类业态应及时更新到国内自主发布和在国际自贸协定中承诺的负面清单中，增强清单的确定性。

七、先行先试与普遍开放的关系

金融服务负面清单开放不仅应注重国际上的承诺，同时也要兼顾国内的试点安排。我国负面清单的开放是在有条件的自贸区（港）推行，再逐步扩大开放范围。海南作为我国唯一的自由贸易港，对外开放的前沿地带，具有独一无二的制度优势。金融基础设施方面，多功能自由贸易账户（EF 账户）带来的资金流动便利，有利于推进我国资本项目开放试点。风险控制方面，海南金融业体量小，出现问题对全国的金融市场影响有限，适合作为金融开

放的"试验田"。在金融服务负面清单的开放试验中，应充分利用海南自贸港的优势，为全国范围内的金融负面清单开放提供实践探索的经验借鉴。当前，在 2024 年 4 月全国版与自贸试验区版的跨境服务贸易负面清单出台的情况下，应及时更新海南自贸港跨境服务贸易负面清单，并且要比前述两种版本更优，体现出开放前沿的试点探索性质。同时，要整合海南自贸港的外商投资准入负面清单与跨境服务贸易负面清单，探索符合 CPTPP 标准的投资和服务贸易一体化负面清单在海南试点。

第七章 对标 CPTPP 推动海南 自贸港金融服务开放

海南自贸港全岛封关运作准备工作已经全面展开，且正在加快推进。金融服务开放是海南自贸港建设的重要内容，在封关运作准备中需要对标高水平国际规则，实现更大力度的开放，从而为贸易和投资自由便利提供更有力的支撑。

本书基于《全面与进步跨太平洋伙伴关系协定》（CPTPP）的条款，分析其关于金融服务高水平开放的特点，比较海南自贸港外商投资准入、跨境服务贸易两张负面清单中的金融开放措施，基于当前金融发展状况分析海南对标 CPTPP 推进金融开放的挑战，并提出相关政策建议，推动海南自贸港金融领域高水平制度型开放。

第一节 研究意义与文献综述

一、对标 CPTPP 推动海南金融服务开放的意义

2022 年 4 月，习近平总书记在海南考察时强调，"加快建设具有世界影响力的中国特色自由贸易港，让海南成为新时代中国改革开放的示范"。海南建设具有世界影响力的自贸港，应对标 CPTPP 等国际高标准经贸规则，加速制度集成创新。一是海南自贸港高水平开放的需要。自由贸易港是当今世界最高水平的开放形态。海南自贸港建设应对标国际最高标准规则，体现最高水平开放形态。二是在海南自贸港开展压力测试的需要。2021 年 11 月国家主席习近平在第四届中国国际进口博览会开幕式上的主旨演讲中指出："中国将在自由贸易试验区和海南自由贸易港做好高水平开放压力测试。"最高水平开放形态的海南自贸港是我国对接国际高标准经贸规则的最佳试验田。三是我国参与国际规则制定的需要。当前，在高标准国际自贸协定中，负面清单模式是协定缔约方普遍采用的承诺方式。海南自贸港开放应参照 CPTPP 等高水平经贸规则，以负面清单承诺方式进行"先行先试"，为我国参与国际规则制定提供实践经验。

二、已有的研究文献

关于金融开放的内涵，已有的研究多数是从国际资本流动、金融服务业开放视角或用综合性语言对金融开放进行定义。陆磊（2018）认为，中国金融业对外开放已不仅仅是金融业"引进来""走出去"那么简单，推动金融基础设施建设、促进全球金融稳定并提升贸易投资自由化便利化是对外开放的重要命题。陈卫东（2019）认为，金融开放是一国通过法律法规等对金融要素跨境流动、金融参与主体在跨境市场准入和活动等方面的管制程度，包括金融机构开放、金融市场开放以及货币的开放与国际化 3 个层次。徐奇渊等（2021）认为，中国当前的金融开放主要包括两个方面：一是金融服务业在市场准入、直接投资方面的对外开放，二是资本金融账户开放；在金融开放过程中，要区分金融服务业开放、资本金融账户开放，金融开放对外资金融机构要实现法律、政策在名义和事实上的同等对待。吴晓求（2022）认为，金融开放主要由三个部分组成：一是本币的自由化，二是机构的国际化，三是金融市场的全面开放。

关于对标国际高水平自贸协定推动金融开放。石静霞和杨幸幸（2017）认为，金融服务是新一代自由贸易协定的核心内容之一，在分析研究跨太平洋伙伴关系协定（TPP，CPTPP 的前身）金融服务规则的研究基础上，对我国自由贸易协定中金融服务规则的构建和国内金融体制的健全与完善提出建议。张方波（2020）认为，中国金融开放应对标 CPTPP 金融服务条款，在自贸区和海南自贸港对 CPTPP 中的相关金融条款进行试验。RCEP 金融服务规则具有高标准性和包容性，代表了中国当前金融开放领域承诺的最高水平，应加强对 RCEP 金融服务规则的研究，为加入 CPTPP 所需的金融开放提前做好准备工作（张方波，2021）。在对自贸协定中的金融开放研究中，部分学者聚焦于自贸协定中的金融负面清单。杨嬛和赵晓雷（2017）在对比分析 TPP、美韩自由贸易协定（KORUS）和美国双边投资协定范本金融负面清单的基础上，提出上海自贸区金融负面清单设计的建议。马兰（2019）认为，国际自贸协定中的金融负面清单是连接国内开放措施和国际经贸规则的桥梁，中国金融业深化对外开放的负面清单机制建设应参照 CPTPP 中的金融负面清单。朱隽（2020）认为，实现系统性、制度型的金融服务开放要全面落实准入前国民待遇和负面清单管理制度。

关于海南如何对标国际高标准自贸协定推动金融开放，目前的研究还相对较少。王方宏（2021）认为，构建适应高水平开放的金融开放规则要对标高标准自贸协定，要强化海南自贸港国际规则对接能力，发挥好试验田作用。海南省地方金融监督管理局课题组（2022）认为，海南自贸港金融开放创新应对标CPTPP，推动海南现有金融政策中与CPTPP金融规则相同或相近的政策落地，做好金融高水平开放压力测试。王方宏和李振（2022）认为，海南自贸港是金融开放对接国际实践的最佳试验田，需要抓紧完善负面清单内容，加快推进试点。

三、关于现有研究的述评

在现有研究文献中，关于CPTPP作为当前最高标准的自贸协定、标杆性的国际规则已经成为共识，学者也普遍认为，推进规则制度型开放，在推进落实我国已经签署的《区域全面经济伙伴关系协定》（RCEP）的同时，需要对标CPTPP，以实现高水平开放。

目前，关于对标CPTPP等自贸协定中金融服务规则推进金融开放的研究，大致包括4个方面：一是阐述对标高水平自贸协定推动金融开放的必要性；二是研究CPTPP、RCEP等自贸协定中金融服务条款，以及各缔约方金融开放承诺的负面清单；三是分析我国金融服务开放的历史、现状，以及与CPTPP等规则的差距；四是有部分研究探讨了在自由贸易试验区、海南自贸港等改革开放前沿区域率先探索实施CPTPP金融开放规则的具体建议。

下一步的研究需要从以下方面进一步深入：一是需要从意义阐述和理论分析为主转向以如何推动落地为重点；二是需要从全国范围的宏观视角为主转向更加侧重于在开放前沿区域探索试点；三是需要从金融开放概念和模式的泛化转向更加聚焦世界贸易组织（WTO）的《服务贸易总协定》（GATS）所定义的金融服务的范围和开放模式；四是需要从一般性的开放措施转向代表发展趋势的负面清单模式。

本章的研究将作如下安排：首先，在分析CPTPP金融开放规则的基础上，聚焦负面清单模式，分析CPTPP的高水平开放特点；其次，进一步比较海南已经出台的负面清单与CPTPP的差异与差距；再次，基于海南当前金融发展状况，分析对标CPTPP的挑战；最后，提出加快海南自贸港金融服务开放的政策建议。

第二节　CPTPP中的金融开放规则

CPTPP的前身是美国主导的TPP，在2017年1月美国总统特朗普宣布退出TPP后，2018年3月8日，日本、加拿大、澳大利亚、智利、新西兰、新加坡、文莱、马来西亚、越南、墨西哥、秘鲁11个国家共同签署了CPTPP，并于当年12月30日正式生效。CPTPP对TPP的内容进行了一定的修改，如放宽了协定生效的条件、对有争议的条款进行搁置等，但在协议框架、文本理念、具体规则等方面基本继承了 TPP，其涵盖议题广泛、义务标准严格、市场开放程度大，具有标杆性、引领性影响，是全球当前高标准的国际经贸规则样本（张方波，2020）。

在金融服务领域，与其他自贸协定相比，CPTPP 金融服务条款在金融服务负面清单列举服务类型的模式、对于国民待遇和最惠国待遇等规则的细化、扩大跨境金融服务类型范围、优化审慎例外原则的适用、创新争端解决机制等多个领域均体现了其高标准和高要求的特点。

一、CPTPP 金融服务条款的主要内容

CPTPP"金融服务"条款单独成章，主要内容由 3 部分组成。第一部分是第 11 章"金融服务"，包含 22 个条款，分为 5 类：第一类是适用性规则，包含定义、范围等内容；第二类是约束性规则，包含国民待遇、最惠国待遇、市场准入、跨境贸易等内容；第三类是约束性规则的例外，包含例外、不符措施等内容；第四类是机制性或程序性规则，包含金融服务委员会、磋商、金融服务的投资争端等内容；第五类是与金融跨境提供相关的规则，包含特定信息的处理、后台功能运行等内容。另外，该部分还包括 4 个附件，分别为跨境贸易（Cross-border Trade）（以正面清单方式规定了一缔约方对其他缔约方的跨境金融服务提供者通过跨境交付模式所能提供的金融服务，主要包括跨境保险和跨境金融信息服务）、特定承诺（Specific Commitments）（从投资组合管理、信息的传递、邮政保险实体提供保险服务、电子支付卡服务、透明度考虑 5 个方面列出了各缔约方的规定）、不符措施棘轮机制（Non-conforming Measures Ratchet Mechanism）（专门对越南的规定，要求越南在 CPTPP 生效之日起 3 年内对现有不符措施的任何修改或调整，不能降低其他缔约方目前已享受的待遇水平）、主管金融服务的机构（Authorities Responsible for Financial Services）。

第二部分是澳大利亚、文莱、加拿大等 11 个缔约方关于金融服务的不符措施清单列表，即金融服务负面清单，包含现行不符措施（List A）和未来不符措施（List B）。现行不符措施主要包括当前为维护金融稳定、开展审慎监管采取的措施，以及对具有公共服务目的的金融服务提供优惠待遇等；未来不符措施主要是保留未来采取或维持任何与金融服务有关的措施的权利等。

第三部分是其他章节中与金融服务有关的规定。虽然 CPTPP 将"金融服务"单独成章，但并不意味着其金融服务规则是孤立的、封闭的，而是与其他章节的特定条款相关联的。CPTPP 的第 9 章"投资"、第 10 章"跨境服务贸易"、第 17 章"国有企业和指定垄断"以及第 28 章"争端解决"中有涉及金融服务的条款，例如，第 9 章"投资"中的第 3 条第 3 款规定，缔约一

方采取或维持的措施属于第 11 章"金融服务"所涵盖的内容，则此类措施就不再适用于"投资"章节；在附件 I 和附件 II 的两个"投资和跨境服务贸易不符措施列表"中，涉及第 9 章中的"国民待遇""最惠国待遇""高级管理层和董事会"以及第 10 章中的"国民待遇""最惠国待遇"的负面清单内容同样适用于第 11 章"金融服务"中的相关条款。

二、CPTPP 金融服务条款的特点

通过上文对 CPTPP 金融服务主要内容的归纳梳理，可以总结出 CPTPP 金融服务具有以下特点：

一是采用正面清单和负面清单相结合的承诺方式。在 CPTPP 金融服务规则中，针对境外消费、商业存在和自然人流动 3 种模式采用负面清单承诺方式，负面清单承诺方式透明度高，有助于提高金融政策和监管的可预期性，营造较为稳定的金融开放环境。但在跨境金融服务方面，根据各缔约方给予国民待遇的条款和条件，CPTPP 以正面清单形式规定了跨境金融服务在跨境交付模式下的具体承诺，其主要原因是，跨境金融服务的提供不依托境内实体，实施有效监管的难度比较大。

二是各缔约方的金融服务开放遵循统一的框架和原则，但具体承诺不同，有很多例外规定。在 CPTPP 协定达成过程中，各缔约方的经济发展水平、国内法律体系、金融市场规模、金融机构体系、金融监管制度、金融业对外开放水平等方面的差异较大，虽然最终各方遵循统一的框架和原则，达成了协议，但是各缔约方在金融服务开放承诺中作出了很多例外规定。例如，澳大利亚针对人寿保险业务，在国民待遇和市场准入方面对非本国居民的人寿保险补贴进行了限制；新加坡针对银行业，在金融机构的市场准入方面对商业银行、金融公司的设立进行了限制。

三是扩大了金融服务的适用范围。根据《服务贸易总协定》（GATS），金融服务采用服务贸易提供方式的分类标准，可以划分为跨境交付、境外消费、商业存在和自然人流动 4 种模式。但在 CPTPP 中，金融服务采用"三分法"，适用于一缔约方采取或维持的下列措施：（1）另一缔约方的金融机构；（2）另一缔约方的投资者，及此类投资者对该缔约方领土内的金融机构的投资；（3）跨境金融服务贸易。CPTPP 中的"跨境金融服务贸易"将 GATS 项下的跨境交付、境外消费和自然人流动 3 种模式加以合并，以适应当前金融科技及金融从业者自由流动的发展趋势。此外，CPTPP 将适用范围延伸至另一缔约方的金融机构及其投资者，使他们的行为也受到该章规则的约束，扩大了其适用范围。

四是对新金融服务作出了前瞻性的规定。伴随着金融业与互联网技术的

不断融合发展，新的金融业态层出不穷，如跨境信用评级服务、跨境电子支付服务等。CPTPP 为应对金融服务贸易的新发展，提出了"新金融服务"的概念，并将其作为普遍性的义务进行规定（贺小勇和黄琳琳，2021），将其定义为：尚未在该缔约方领土内提供而已在另一缔约方领土内提供的金融服务，且包括一金融服务的任何新交付方式或销售该缔约方领土内尚未销售的一金融产品。并且，CPTPP 规定：一方面，各缔约方应允许另一缔约方的金融机构提供后者在相似条件下不需要制定或修改现有法律就允许本国金融机构提供的新金融服务；另一方面，一缔约方可要求金融机构经批准才能提供新金融服务授权，但应在合理时间内审批并仅能出于审慎原因而拒绝批准。CPTPP 中的新金融服务条款体现了各缔约方对于接受新金融服务的强制性要求，但对于金融发展水平较低的国家也意味着较高的潜在金融风险。

三、CPTPP 金融服务条款与 RCEP 的比较

虽然 CPTPP 与 RCEP 都是具有广泛影响的大型区域自由贸易协定，但是由于主导方（CPTPP 由发达国家主导，RCEP 由发展中国家主导）和参与国（RCEP 有缅甸、柬埔寨、老挝等最不发达国家参与）不同，这两个协定既有许多相同的内容，也存在许多差异。两者在金融服务领域之间的差距主要体现在以下方面。

一是金融服务规则呈现方式不同。 CPTPP 中的"金融服务"章节单独成章，其包括定义、范围、争端解决等 22 个领域的规则；RCEP 中并没有将"金融服务"单独成章，而是作为第 8 章"服务贸易"的附件加以呈现，其仅包括定义、范围、新金融服务等 13 个领域的规则。CPTPP 金融服务规则在覆盖范围、开放水平等方面均高于 RCEP。

二是金融负面清单承诺方式不同。 如上文所述，CPTPP 中的金融服务承诺采用正面清单和负面清单相结合的方式，RCEP 虽然也采用了正面清单和负面清单相结合的承诺方式，但其针对的是 RCEP 中的不同缔约方，即新西兰、中国、菲律宾、泰国、越南、老挝、柬埔寨、缅甸 8 个国家采用正面清单承诺方式，而日本、韩国、澳大利亚、新加坡、文莱、马来西亚、印度尼西亚 7 个国家采用负面清单承诺方式。

三是在新金融服务领域 CPTPP 具有更强的约束力。 CPTPP 在新金融服务方面给予其他缔约方金融机构国民待遇，仅能出于审慎原因拒绝其他缔约方金融机构的业务申请。RCEP 规定的约束力较弱，表述为各方"应努力"在新金融服务领域给予其他缔约方金融机构国民待遇，且未限制拒绝申请的理由。

四是监管的透明度不同。 在监管方面，CPTPP 侧重于市场监督，而 RCEP 则更注重政府监督（全毅，2022）。但二者在内容、范围、要求等方面

基本一致，其差别在于金融服务申请的行政决定效率，CPTPP 要求在 120 天内对金融机构的业务申请作出决定，RCEP 则要求 180 天。

五是争端解决机制不同。针对金融服务的特殊性，CPTPP 在争端解决机制方面采取了投资者—国家争端解决机制（ISDS）和国家—国家争端解决机制相结合的方式，并通过具体的金融服务规则对这两类争端解决机制作出特殊调整，以此强化争诉方国家政府在金融服务投资争端解决机制中的灵活性。而 RCEP 对于争端解决机制的规定仅有第 19 章"争端解决"，并且只要求仲裁员为金融专业人员，并没有对金融服务贸易的特殊性作出进一步规定。

第三节　海南自贸港金融服务开放负面清单与 CPTPP 的比较

海南作为我国内地唯一的自贸港，拥有全国最短的外商投资准入负面清单和全国首张跨境服务贸易负面清单，前者以外商投资负面清单规定商业存在模式的开放，共 27 条，其中金融业无限制措施；后者以跨境服务贸易负面清单规定跨境交付、境外消费、自然人流动等 3 种模式的开放，共 70 项，其中金融服务 17 项，涉及银行、保险、证券、期货、支付、货币经纪、企业年金等领域。海南自贸港是国内唯一实现负面清单对服务贸易 4 种模式全覆盖的区域，为海南自贸港金融服务开放先行先试奠定了政策基础。

但是，海南自贸港金融开放负面清单与 CPTPP 中的金融服务规则相比还存在差距，主要体现在以下方面。

一、覆盖领域不同

海南自贸港外商投资、跨境服务贸易两张负面清单虽然实现了服务贸易 4 种模式全覆盖，但服务贸易中的商业存在模式与投资的内涵高度重合。在 CPTPP 中，金融服务负面清单采取的是"服务+投资"的方式，实行一张负面清单。

就金融开放负面清单的内容而言，CPTPP 的现行不符措施包括机构准入限制、高管和董事会要求、业务许可要求和范围限制、风险管控措施、股东资格要求、跨境金融服务限制、持股比例限制、金融市场基础设施管理、地方政府例外 9 个方面；未来不符措施包括为国企、特定产业和公共服务部门发展留空间，限制跨境提供或购买特定金融服务，补贴金融市场基础设施，高管和董事会，市场准入或最惠国待遇 5 个方面。但海南自贸港金融负面清单中无未来不符措施的规定，且其现行不符措施仅集中在业务许可要求和范围限制方面。具体分布情况如表 7-1 所示。

表 7-1　CPTPP 缔约方和海南自贸港金融服务负面清单情况

单位：条

相关国家或地区	现行不符措施										未来不符措施			
	机构准入限制	高管和董事会要求	业务许可要求和范围限制	风险管控措施	股东资格要求	跨境金融服务限制	持股比例限制	金融市场基础设施管理	地方政府例外	为国企、特定产业和公共服务部门发展留空间	限制跨境提供或购买特定金融服务	为补贴金融市场基础设施或限制对外资预留空间	高管和董事会	市场准入或最惠国待遇
日本	1	—	—	—	—	—	—	—	—	—	1	—	—	—
澳大利亚	2	1	1	—	—	—	—	—	1	1	—	—	—	—
秘鲁	4	—	1	1	—	—	—	—	—	1	2	—	—	—
新西兰	1	1	—	—	—	—	—	—	—	5	—	2	1	—
加拿大	3	1	—	1	1	—	—	—	1	1	—	—	—	1
智利	1	2	—	2	1	—	—	1	—	3	1	—	—	1
文莱	3	1	1	—	1	1	—	—	—	3	—	1	—	—
墨西哥	2	2	1	—	2	1	2	1	—	4	—	—	—	—
马来西亚	4	1	4	1	—	3	2	—	—	1	2	2	—	—
越南	3	1	1	—	1	1	1	1	—	7	2	3	—	—
新加坡	7	2	3	1	—	2	1	3	—	3	1	1	—	1
海南	—	—	17	—	—	—	—	—	—	—	—	—	—	—

资料来源：作者根据朱隽《金融服务规则——CPTPP 规则解读系列报告之四》、《海南自由贸易港跨境服务贸易特别管理措施（负面清单）》（2021 年版）》整理。

二、保留措施表述的方式存在差异

由于负面清单可能无法覆盖不予开放或者暂时不予开放的领域，在自贸协定中的负面清单往往都有所谓的"兜底条款"，即保留未来采取限制措施的权利。例如，日本 CPTPP 中保留采取或维持任何与跨境交付模式下的保险业务相关措施的权利；澳大利亚由于是联邦制国家，在 CPTPP 中保留地方政府层级的所有不符措施；新加坡在 CPTPP 中保留采取或维持任何涉及具有系统重要性的金融市场基础设施的任何金融服务的提供、进行补贴的权利。

海南则采取在负面清单之外进行说明的方式。海南自贸港版外商投资准入负面清单的"说明"中有"未列出的文化、金融等领域与行政审批、资质条件、国家安全等相关措施，按照现行规定执行"。海南自贸港跨境服务贸易负面清单的"说明"中也有"未列出的与国家安全、公共秩序、金融审慎、社会服务、人类遗传资源、人文社科研发、文化新业态、航空业务权、移民和就业措施以及政府行使职能等相关措施，按照现行规定执行"。

三、不符措施数量的不同

对比 CPTPP，海南金融服务开放负面清单还相对比较长。虽然在海南自贸港外商投资准入负面清单中，金融业的限制措施为零，但是在海南跨境服务贸易负面清单中，金融业的限制措施为 17 项，多于日本（在 CPTPP 中为 3 项）、澳大利亚（在 CPTPP 中为 6 项）、新西兰（在 CPTPP 中为 10 项）等发达国家，但低于马来西亚、越南、新加坡（在 CPTPP 中分别为 20 项、21 项和 25 项）等东南亚国家（见表 7-2）。

表 7-2　CPTPP、RCEP 缔约方负面清单中金融业限制措施数量与海南的比较

单位：项

国家或地区	CPTPP	RCEP
日本	3	5
澳大利亚	6	9
新西兰	10	—
文莱	11	17
马来西亚	20	
越南	21	

续表

国家或地区	CPTPP	RCEP
新加坡	25	—
海南	0（海南自贸港外商投资负面清单） 17（海南自贸港跨境服务贸易负面清单）	

资料来源：作者根据 RCEP 文本、CPTPP 文本整理。

注：在 RCEP 中，新西兰、越南采取正面清单，新加坡、马来西亚采取负面清单，但在负面清单中又有正面清单，因此不具有可比性。

四、负面清单格式的差异

海南已公布的负面清单仅列出适用部门和特别管理措施。CPTPP 中的负面清单，每一条限制措施均采取表格的形式，列出该条限制措施使用的部门、子部门、行业分类、政府层级、义务种类、措施的具体描述、依据的法律条款等（见表 7-3 中日本的负面清单示例）。换而言之，海南自主公布的负面清单采取的是"条"的表述，CPTPP 负面清单采取的是"表"的表述。

表 7-3　CPTPP 中日本金融服务负面清单的部分限制措施

部门	金融
子部门	保险和保险相关服务
行业分类	JSIC 672 非人寿保险机构 JSIC 6742 为小企业服务的金融机构
政府层级	中央政府
义务种类	市场准入
描述	服务贸易和投资：与下列项目和任何由此产生的责任相关的保险合同，原则上需要以商业存在的方式提供。 （a）在日本境内运输的货物； （b）未用于国际海运的、在日本登记的船舶
措施来源	《保险业务法》（1995 年第 5 号法律）第 185 条、第 186 条、第 275~277 条、第 286 条和第 287 条 《关于保险业务法生效的内阁命令》（1995 年第 425 号内阁命令） 《关于保险业务法生效的部门条例》（大藏省 1996 年第 5 号条例），第 116 条和第 212-6 条

资料来源：CPTPP 文本。

五、约束力不同

海南自主公布的负面清单是主动开放行为，虽然是扩大开放、放宽市场准入的承诺，但属于国内政策的范畴，我们可以自主调整，不具有自贸协定中负面清单的国际约束力。自贸协定中负面清单是协定的缔约方经过谈判达成的，具有国际法意义上的约束力，自贸协定中都有违反承诺的争端解决机制或约束机制的规定。

第四节　海南自贸港金融服务开放
对标 CPTPP 所面临的挑战

对标 CPTPP 金融服务规则，推动海南自贸港金融服务高水平开放，目前面临诸多挑战，具体表现在以下方面。

一、金融开放政策上的挑战

海南自贸港作为我国内地唯一的自贸港，在行政区划上是一个省，只有省级事权。金融管理主要属于中央事权，海南自贸港金融开放政策的制定权属于国家金融监管部门，海南只能在给定政策的范围内推动落实。而 CPTPP 缔约方均为独立的国家，可以根据国内金融业发展的需要，及时调整或修改金融立法。

二、经济发展环境上的挑战

金融开放要依托实体经济基础。目前，海南经济规模还比较小，2023 年，地区生产总值总量为 7551 亿元（约合 1065.95 亿美元），人均地区生产总值为 7.296 万元（约合 1.29 万美元），与 CPTPP 缔约方中的日本、新加坡等国家相比存在巨大差距。2023 年，日本 GDP 为 4.21 万亿美元，人均 GDP 为 3.38 万美元；新加坡 GDP 为 5014.28 亿美元，人均 GDP 为 8.47 万美元。就经济的对外开放程度而言，2023 年海南的贸易依存度（货物进出口总额/地区生产总值）为 30.6%，低于全国的 33.1%，与 CPTPP 中的日本、新加坡等发达国家相比差距就更大了。鉴于海南经济基础较为薄弱，在经济规模比较小、发展水平和开放程度均比较低的现实情况下，要达到 CPTPP 的高标准具有很大的挑战。

三、金融发展基础上的挑战

海南金融市场规模小，2023 年末，海南全省本外币存款余额为 13479 亿元，本外币贷款余额为 11915 亿元，仅分别占全国的 4.65‰和 4.92‰。海南金融市场的发展水平也比较低，主要表现为金融机构数量少、金融业态少，以传统金融机构为主，外资银行仅有 2 家，且市场份额占比极低。另外，海南自贸港在资金自由流动方面还存在诸多不便，而 CPTPP 中的日本、新加坡等缔约方资本项目高度开放，货币自由兑换度高，海南对标以这些发达国家为主导的 CPTPP 金融服务规则存在很大的挑战。

四、金融服务能力上的挑战

长期以来，海南自贸港金融服务以境内业务为主。虽然，海南自贸港建设以来，跨境金融业务规模有较快发展，2023 年海南全省涉外收支合计 873 亿美元，同比增长 39.5%，增速全国排名第 16，比 2018 年上升 9 位，已上升至全国中等水平，跨境资金流动日益活跃。但在离岸金融和跨境金融服务方面的水平与上海、深圳等沿海开放前沿地区相比还比较低。自由贸易账户（FT 账户）2019 年 1 月 1 日上线，业务规模虽持续增长，但 2022 年收支额也仅有 2561 亿元，规模还比较小，客户群体的覆盖面还不够广。省内金融机构面向国际的服务经验还比较欠缺，开放过程中在产品、渠道、反洗钱乃至语言等方面将面临比较大的挑战。

五、金融监管水平上的挑战

在海南金融服务以境内金融为主、金融业态较少的情况下，金融监管主要集中在传统领域，涉外监管更多体现在国际收支、外汇管理等方面。对于涉外产品、境外客户、金融市场环境和金融基础设施国际化等方面的监管经验还比较缺乏，特别是 CPTPP 的金融规则又对"新金融服务"作出了前瞻性的规定，这些新金融业务对于金融监管能力提出了新的挑战。另外，金融管理主要属于中央事权，实行全国统一监管，海南自贸港金融开放，一方面需要中央有关部门的金融授权，另一方面海南自身要有足够的监管能力来把控金融开放过程中可能遇到的金融风险。

六、金融开放方式上的挑战

虽然海南自贸港外商投资准入负面清单和跨境服务贸易负面清单已经分

别于 2020 年 7 月和 2021 年 7 月公布，但是从正面清单到负面清单的转变，面临着开放模式转变的根本挑战。截至 2024 年 9 月，尚未有官方公布的上述两张负面清单中的金融服务落地的案例，海南自贸港的立法中也尚未有金融领域的立法。

第五节　海南自贸港金融服务开放的政策建议

海南是我国负面清单对接国际实践的最佳试验田。从国际实践看，自贸港作为世界最高水平的开放形态之一，其本质是一个政策规则港，长期以来是最高水平国际经贸规则的策源地和实践基地（国家发展改革委地区司，2021）。海南自贸港是我国唯一的自贸港，拥有高度开放的市场环境，具有"全面深化改革开放试验区"的战略定位，承担着"制度集成创新"的任务，是最佳的高水平开放压力测试区。海南自贸港拥有全国最短的外商投资准入负面清单、商务部发布的首张跨境服务贸易负面清单，在政策上具有先行优势。《海南自由贸易港法》是我国唯一针对特殊经济区域制定的法律，国家给予了海南自贸港特殊的立法授权，在立法上拥有独特优势。

在我国申请加入 CPTPP 并将以负面清单方式进行谈判，以及在 RCEP 生效后 3 年内需要提出金融开放负面清单方案的情况下，海南自贸港应当发挥已出台外商投资、跨境服务贸易两张负面清单的先行优势，在金融开放负面清单方面加快先行探索，缩小与 CPTPP 负面清单的差异，既为我国履行 RCEP 承诺和加入 CPTPP 的谈判积累了实践经验，也推动了海南自贸港更高水平的金融开放。

一、整合现有多张负面清单，采取国际通用格式进行表述

当前，海南自贸港外商投资准入、跨境服务贸易两张负面清单并行，由于外商投资与服务贸易的商业存在模式重合度高，并且跨境交付模式下又有当地存在的相关措施，容易产生歧义或矛盾，建议借鉴 CPTPP 负面清单采取的"服务贸易+投资"的模式，将海南自贸港的两张负面清单整合为一张，实现"统一视图"，提升负面清单的全面性和系统性。

海南自贸港两张负面清单的格式与 RCEP、CPTPP 等自贸协定存在较大差异，有必要采取国际上自贸协定普遍采用的格式进行表述，明确负面清单上每一项限制措施适用的部门分类、行业分类、政府层级、义务种类、法律基础，既方便外国投资者和外资金融机构更好地理解负面清单的内容，也能

够积累实践经验，为下一步制订 RCEP 和 CPTPP 等自贸协定的金融服务负面清单谈判方案提供参考。

二、调整优化限制措施，并将隐性的限制措施显性化表述

从国际比较可以看出，限制措施的数量不是越少越好，而是要与本国的经济发展水平、风险承受能力、经济发展需求等相适宜，在我国还是发展中国家、金融开放需要循序渐进的情况下，尤其是海南的经济发展水平和金融发展程度还低于国内平均水平的情况下，需要保留合理的限制措施。

目前，相对于新加坡等东南亚国家，海南自贸港的两张负面清单中存在以下两个问题：一是在金融服务领域基本没有对外资持股比例、业务范围限制、高管人员限制、对本国企业的特殊支持等方面的限制措施。二是现有的限制措施仅是基于现有的法律和政策，没有基于未来可能发生的法律或政策变化的限制措施，而 RCEP 和 CPTPP 各缔约方的负面清单中都有类似的限制措施，为未来国内的法律和政策调整预留了空间。因此，需要针对这两个问题，进一步研究是否有必要补充相关限制措施。

另外，在目前海南自贸港外商投资负面清单和跨境服务贸易负面清单的"说明"中，均有诸如"未列出的（金融领域）与行政审批、资质条件、国家安全等相关措施按照现行规定执行"的表述。建议一方面对现行规定中的限制措施进行再梳理，将已有具体规定的限制措施显性化列入负面清单；另一方面按照 RCEP 和 CPTPP 中的方式，以"保留采取或维持相关措施的权利"的方式，作为限制措施纳入负面清单。

三、平衡好自主公布和协定达成的负面清单之间的关系

随着我国迈向高水平开放，我国金融服务开放的实际水平已经超出了加入 WTO 的承诺和在多份自贸协定中的承诺。目前，我们自主公布的负面清单的限制措施数量已经少于 RCEP、CPTPP 中采取负面清单的部分缔约方。由于 RCEP、CPTPP 对于负面清单有冻结机制（缔约方在协定对其生效后，对现存不符措施的修改不能低于现有负面清单承诺水平）和棘轮机制（缔约方在协定对其生效后，对现存措施的任何修改，只能比修改前减少对外资的限制，而不能减低修改前外资已享受的待遇），针对未来的 RCEP 和 CPTPP 负面清单谈判，我们要平衡好自主公布的负面清单的"度"，既要鼓励提高开放水平，又要注意避免自主公布的负面清单由于过高的开放水平给未来的谈判设定过高的基准，增加谈判的难度。

四、加快推动市场开放和机构引进，做好政策的压力测试

海南自贸港金融开放，首先最重要的一点就是要确定明确的目标，即推动金融市场开放和金融机构准入。近期目标是吸引新机构、新业务，丰富海南金融市场业态，并尽快推动落实负面清单，吸引外资金融机构入驻海南自贸港；从中远期来讲，则是推动海南自贸港金融开放进行制度型创新，对标国际高标准规则，实现与国际接轨。

当前，《海南自由贸易港建设总体方案》，《海南自由贸易港法》，中国人民银行、银保监会、证监会、外汇局《关于金融支持海南全面深化改革的意见》，以及海南自贸港外商投资准入和跨境服务贸易两张负面清单等金融开放政策的"四梁八柱"已经出台，但这些金融政策均为原则性规定，需要进一步制定详细的实施细则。海南应在自贸港封关运作前，立足现有的金融政策，梳理任务清单，制订可行性方案，尽快将金融政策落地生效，而不是争取新的金融政策。仅从政策本身来看，海南自贸港的金融开放水平已位居全国前列，因此海南要对标 CPTPP 高水平金融规则，拓展海南自贸港金融开放的空间，为推动全国金融进一步开放做好压力测试，体现"全面深化改革开放试验区"的作用。

五、发挥政策效应，拓展金融市场发展空间

金融开放的目的之一便是拓展金融市场的增量空间、创造新的市场空间。在已经出台的海南自贸港金融政策中，既包括构建多功能自由贸易账户体系、跨境资产管理试点、允许在海南就业境外个人开展境内证券投资等多项独有的开放政策，也包括离岸金融业务、跨国公司本外币一体化资金池、合格境外有限合伙企业（QFLP）和合格境内有限合伙企业（QDLP）等仅在少数前沿开放区域试点的高含金量的开放政策。需要在全岛封关运作准备工作中加快推进这些政策的落地，发挥出政策效应，创造新的市场机遇和发展空间，丰富金融业态，做大市场规模。

六、提升金融展业能力，适应高水平要求

针对现阶段海南金融展业能力还不强，还不能够有效应对金融高水平开放的情况，需要多管齐下提高金融从业者的能力。一是"请进来"，引进国内外具有国际视野的金融高层次人才，为海南自贸港金融开放储备金融支撑；二是"走出去"，选派海南金融行业中的骨干力量到上海、深圳等国内金融业

发达地区学习；三是"干中学"，让金融从业者深度参与金融政策的制定过程，帮助其更好地理解金融政策，确保金融政策有较好的实施效果；四是"试点先行"，对于新金融政策的落实，采用在一些基础较好的银行先行先试的方式，在总结经验的基础上逐步推广。

七、提高金融监管水平，守住风险防控底线

"管得住才能放得开"，防范金融风险需要加强金融监管，高水平金融开放需要相匹配的金融监管能力，金融监管水平需要与金融开放水平同步提高，才能够守牢不发生系统性金融风险的底线。一方面，海南需要与中国香港、新加坡等发达自贸港的金融监管机构建立交流机制，借鉴其金融监管过程中的经验；另一方面，在海南自贸港金融政策落地过程中要开展前瞻研究，提前研判可能存在的金融风险并提出行之有效的解决办法。

八、推进配套金融立法，夯实开放法治基础

推动负面清单落地需要以立法作为基础，完善《海南自由贸易港法》相配套的金融立法，是落地海南自贸港外商投资准入和跨境服务贸易两张负面清单的当务之急，也是海南自贸港对标国际优化营商环境、推进规则制度型开放的重要内容。并且，在 RCEP 生效后 3 年内和开展加入 CPTPP 的谈判都需要提供负面清单方案的情况下，在海南推进与金融服务开放相关的金融配套立法（或修法），也是海南自贸港开展压力测试，作为"全面深化改革开放试验区"的应尽之责。

2021 年 6 月出台的《海南自由贸易港法》关于金融开放的授权只是原则性的规定，还不能直接落地实施。在金融管理主要属于中央事权、海南自贸港适用全国统一的金融法律法规的情况下，需要基于《海南自由贸易港法》《海南自由贸易港建设总体方案》《关于金融支持海南全面深化改革开放的意见》的相关政策规定，对照海南自贸港两份负面清单中的金融服务内容，抓紧完成海南自贸港金融配套立法，对部分法律法规在海南自贸港的适用进行必要的调整，为负面清单的实施提供必要的法律基础，体现金融服务开放的法治化。

参考文献

第一章

［1］中国国际贸易促进委员会．2023 年度全球经贸摩擦指数［R/OL］．（2024 - 03 - 27）［2024 - 10 - 20］．https：//www. ctils. com/cms/article/file/showFile？path＝Article/2024/03/27/15 - 59 - 1834678. pdf&fileName＝％E5％85％A8％E7％90％83％E7％BB％8F％E8％B4％B8％E6％91％A9％E6％93％A6％E6％8C％87％E6％95％B0％EF％BC％882023％E5％B9％B4％E5％BA％A6％EF％BC％89.

［2］商务部世贸司．《世贸组织多哈回合以来谈判商用指南》摘编［EB/OL］．（2022 - 09 - 07）［2024 - 09 - 30］．http：//chinawto. mofcom. cn/article/ap/p/202209/20220903346353. shtml.

［3］中国信息通信研究院．全球数字经贸规则年度观察报告（2023 年）［R］．（2023 - 12 - 12）［2024 - 10 - 28］．http：//www. caict. ac. cn/english/research/whitepapers/202312/P020231212299401574193. pdf.

［4］对话地球．WTO 这项渔业谈判失败，到底发生了什么？［EB/OL］．（2024 - 04 - 07）［2024 - 09 - 30］．澎湃新闻，https：//www. thepaper. cn/newsDetail_forward_26916375.

［5］陈泰锋．多边贸易体制 60 周年：成就和挑战［J］．国际商务研究，2008（5）：19 - 28.

［6］陈曦．数说区域贸易协定特征变迁［EB/OL］．［2024 - 09 - 30］．中国服务贸易指南网，http：//tradeinservices. mofcom. cn/article/yanjiu/pinglun/202311/159225. html.

［7］东艳．全球贸易规则的发展趋势与中国的机遇［J］．国际经济评论，2014（1）：45 - 64.

［8］冯晓华，陈九安．自由贸易协定中技术性贸易壁垒条款对中国双边价值链关联的影响［J］．亚太经济，2024（1）：38 - 49.

［9］重庆海关．海关科普｜AEO 互认知多少？［EB/OL］．（2023-07-26）
［2024-09-30］．https：//mp. weixin. qq. com/s/5g9BoZbejUnwdKaLWmLWYQ.

［10］韩立余．构建国际经贸新规则的总思路［J］．经贸法律评论，2019
（4）：1-13.

［11］纪文华．WTO 争端解决机制改革研究：进展、挑战和方案建构
［J］．国际经济评论，2023（6）：58-74.

［12］江清云．WTO 及区域贸易协定谈判中的农产品贸易问题［J］.
WTO 经济导刊，2015（7）：85-87.

［13］孔庆江．RCEP 争端解决机制：为亚洲打造的自贸区争端解决机制
［J］．当代法学，2021（2）：34-43.

［14］林创伟，白洁．高标准国际经贸规则解读、形成的挑战与中国应
对——基于美式、欧式、亚太模板的比较分析［J］．国际经贸探索，2022
（11）：95-112.

［15］庞超然，罗应冬．我国中间品贸易发展大有可为［J］．中国外汇，
2024（11）：20-23.

［16］庄芮．全球经贸规则重构"中国方案"不可或缺［EB/OL］．（2016-
08-31）［2024-09-30］．https：//www. sohu. com/a/112869578_114984.

［17］中国贸易救济信息网．全球贸易救济案件［EB/OL］．（2024-05-
18）［2024-09-30］．http：//www. cacs. mofcom. gov. cn/cacscms/view/statis-
tics/ckajtj.

［18］全毅．国际经贸规则重构与 WTO 改革前景［J］．经济学家，2023
（1）：109-118.

［19］人民网．世贸组织农业谈判迄今有哪些成果？［EB/OL］．（2019-09-
10）［2024-09-30］．https：//baijiahao. baidu. com/s? id=1644254953111102445&wfr
=spider&for=pc.

［20］杨海泉．维护和发展多边贸易体系 20 余年渔业补贴协议谈判有望圆满
结束［EB/OL］．（2022-06-15）［2024-09-30］．http：//chinawto. mofcom. gov. cn/
article/ap/m/202206/20220603318914. shtml.

［21］央视网．我国对《信息技术协定》扩围产品实施第八步降税 终端
消费带来显著好处［EB/OL］．（2023-07-04）［2024-09-30］．http：//chi-
nawto. mofcom. gov. cn/article/ap/p/202307/20230703419900. shtml.

［22］邢予青．中国出口之谜：解码"全球价值链"［M］．北京：生活·
读书·新知三联书店，2022.

［23］中国社会科学院国际形势报告课题组．2024 年全球形势呈现出七大新特征［EB/OL］．（2024 - 05 - 16）［2024 - 09 - 30］．https：//baijiahao. baidu. com/s？id=1799174073656542635&wfr=spider&for=pc.

［24］周国荣．技术性贸易壁垒协议设计机理：基于 CPTPP、USMCA 和 RCEP 的比较分析［J］．国际经济评论，2024（1）：121-145.

第二章

［1］白洁，刘庆林．TPP 中跨境服务贸易条款的文本解读与政策建议［J］．山东社会科学，2016（9）：108-115.

［2］陈靓．从 GATS 到 TiSA［D］．上海：上海社会科学院，2018.

［3］丁文喻，刘洪钟．RCEP 与东亚服务贸易发展的机遇与挑战［J］．亚太经济，2023（2）：57-64.

［4］甘露．对接 RCEP、CPTPP、DEPA 规则推进海南自由贸易港服务贸易制度型开放［J］．南海学刊，2023，9（3）：32-43.

［5］孔庆江．国际贸易中国内规制壁垒的应对和解决［J］．清华法学，2023，17（4）：106-124.

［6］李盾．《服务贸易总协定》对世界服务贸易发展的影响［J］．中国国情国力，2003（4）：38-40.

［7］李燕妮．推动商务高质量发展取得新突破［J］．中国外资，2024（3）：34-37.

［8］蒙英华，汪建新．超大型自贸协定的服务贸易规则及对中国影响分析——以 TPP 为例［J］．国际商务研究，2018，39（1）：44-56.

［9］聂新伟．加快推动我国服务贸易高质量发展［J］．宏观经济管理，2024（1）：70-77.

［10］全毅．CPTPP 与 RCEP 服务贸易规则比较及中国服务业开放策略［J］．世界经济研究，2021（12）．

［11］塞巴斯蒂安·杜林，周丽佳．特朗普对《跨大西洋贸易与投资关系协定》的冲击［J］．国外社会科学文摘，2017（12）：36.

［12］商务部解读《区域全面经济伙伴关系协定》［J］．中国外资，2020（23）：14-17.

［13］申维娜．论我国国际服务贸易及相关法律规则完善［J］．现代商贸工业，2011，23（1）：228-229.

［14］石静霞．数字经济视角下的 WTO 服务贸易国内规制新纪律［J］.

东方法学，2023（2）：18-31.

［15］石静霞．中国加入 CPTPP 谈判中的服务贸易重点问题［J］.中外法学，2023，35（4）：845-864.

［16］王思语，张开翼.RCEP 与 CPTPP 协定下中国服务业开放路径研究［J］.亚太经济，2021（6）：108-118.

［17］夏杰长，李銮淏.我国服务贸易发展成就、现实挑战与政策建议［J］.价格理论与实践，2022（5）：5-9，22.

［18］徐向梅.推动服务贸易实现跨越式发展［N］.经济日报，2022-08-26（11）.

［19］严风坤.RCEP 缔约方服务贸易壁垒的测度、影响及中国应对［D］.济南：山东财经大学，2022.

［20］张彩云，孙宇.对接高标准国际经贸规则推动中国制度型开放［J］.中国外资，2023（21）：30-35.

［21］张悦，李静.国际服务贸易规则演变新趋势与我国的对策［J］.经济纵横，2017（5）：123-128.

［22］祖月.中国—东盟自贸区的法律保障［N］.国际商报，2019-12-15.

第三章

［1］BROUDE T，HAFTEL Y Z，THOMPSON A. The Trans-pacific Partnership and Regulatory Space：A Comparison of Treaty Texts［J］. Journal of International Economic Law，2017，20（2）：391-417.

［2］韩立余，构建国际经贸新规则的总思路［J］.经贸法律评论，2019（4）：1-13.

［3］王彦志.RCEP 投资章节：亚洲特色与全球意蕴［J］.当代法学，2021，35（2）：44-58.

第四章

［1］AARONSON S A，LEBLOND P. Another Digital Divide：The Rise of Data Realms and its Implications for the WTO［J］. Journal of International Economic Law，2018，21（2）：245-327.

［2］MELTZER J P. Governing Digital Trade［J］. World Trade Review，2019，18（S1）：S23-S48.

［3］陈寰琦.国际数字贸易规则博弈背景下的融合趋向——基于中国、

美国和欧盟的视角［J］. 国际商务研究，2022，43（3）：85-95.

［4］代丽华，吕雨桐，陈红松. CPTPP 数字贸易规则及影响——基于和 RCEP 的对比分析［J］. 长安大学学报（社会科学版），2022，24（3）：22-33.

［5］李佳倩，叶前林，刘雨辰，等. DEPA 关键数字贸易规则对中国的挑战与应对——基于 RCEP、CPTPP 的差异比较［J］. 国际贸易，2022（12）：63-71.

［6］李俊，赵若锦，范羽晴. 我国数据跨境流动治理成效、问题与完善建议［J］. 国际商务研究，2023，44（6）：84-95.

［7］李墨丝. CPTPP+ 数字贸易规则、影响及对策［J］. 国际经贸探索，2020（12）：13.

［8］刘洪愧，林宇锋. 数字贸易国际规则的主要"模板"、融合前景与中国应对［J］. 全球化，2023（4）：90-99，136.

［9］马奎元. RCEP 与 CPTPP 数字贸易规则的对比分析及我国数字贸易的发展趋势［J］. 商场现代化，2023（19）：35-38.

［10］沈玉良，彭羽，高疆，等. 是数字贸易规则，还是数字经济规则？——新一代贸易规则的中国取向［J］. 管理世界，2022（8）：67-83.

［11］王慧. RCEP、CPTPP 数字贸易规则比较及中国应对［J］. 北方经贸，2023（5）：21-24.

［12］王蕊，潘怡辰，袁波，等. 从 CPTPP 与 RCEP 差异看我国应对数字贸易规则竞争的思路［J］. 国际贸易，2022（3）：12-18.

［13］郁建兴，马淑琴，任婉婉，等. 中国高水平参与 DEPA 的关键领域与路径选择［J］. 浙江工商大学学报，2022（1）：5-14.

［14］张茉楠. 全球数字贸易竞争格局与中国数字贸易国际合作的战略选择［J］. 区域经济评论，2022（5）：122-131.

［15］张天桂. RCEP：特点、问题与前景［J］. 国际展望，2021，13（2）：120-135，157-158.

［16］赵龙跃，高红伟. 中国与全球数字贸易治理：基于加入 DEPA 的机遇与挑战［J］. 太平洋学报，2022，30（2）：13-25.

［17］周念利，陈寰琦. 基于《美墨加协定》分析数字贸易规则"美式模板"的深化及扩展［J］. 国际贸易问题，2019（9）：1-11.

［18］周念利，于美月. 中国应如何对接 DEPA——基于 DEPA 与 RCEP 对比的视角［J］. 理论学刊，2022（2）：55-64.

第五章

［1］韩立余．跨太平洋伙伴关系协定全译本导读［M］．北京：北京大学出版社，2018：264-265.

［2］龙飞扬，殷凤．中国自贸试验区金融负面清单发展沿革及启示［J］．对外经贸实务，2020（4）：7-13.

［3］马兰．中国金融业深化对外开放的负面清单机制研究——基于 CPTPP 和 GATS 的比较分析［J］．金融监管研究，2019（4）：99-114.

［4］马兰．中国推进金融业制度型开放之 RCEP 新金融服务规则研究［J］．西南金融，2022（12）：30-41.

［5］石静霞，杨幸幸．TPP 金融服务规则评析［J］．社会科学家，2017（11）：113-120.

［6］田云华，周燕萍，蔡孟君，等．RCEP 的开放规则体系评价：基于 CPTPP 的进步与差距［J］．国际贸易，2021（6）：65-72.

［7］余淼杰，蒋海威．从 RCEP 到 CPTPP：差异、挑战及对策［J］．国际经济评论，2021（2）：129-144.

［8］张方波．CPTPP 金融服务条款文本与中国金融开放策略［J］．亚太经济，2020（5）：35-42.

［9］张方波．RCEP 金融服务规则文本探析与中国金融开放［J］．亚太经济，2021（5）：118-126.

［10］赵晓雷．RCEP 金融服务条款对我国金融开放的影响［J］．中国外汇，2020（12）：40-41.

［11］中国社会科学院世界经济与政治研究所国际贸易研究室．跨太平洋伙伴关系协定文本解读［M］．北京：中国社会科学出版社，2016：116-143.

［12］朱隽，等．新形势下国际贸易规则的重塑［M］．北京：中国金融出版社，2019：188-192.

第六章

［1］陈雨露，罗煜．金融开放与经济增长：一个述评［J］．管理世界，2007（4）：138-147.

［2］崔兵，罗颉．金融业负面清单制度对金融稳定的影响——以自贸区为例［J］．湖北工业大学学报，2023，38（6）：1-6.

［3］方昕．对标国际规则探索自贸港对外开放路径［J］．中国金融，

2023（11）：16-18.

　　[4] 龚柏华．"法无禁止即可为"的法理与上海自贸区"负面清单"模式 [J]．东方法学，2013（6）：137-141.

　　[5] 华秀萍，熊爱宗，张斌．金融开放的测度 [J]．金融评论，2012（5）：110-121，126.

　　[6] 李计广，张娟．我国负面清单开放水平评估及提升对策——与 RCEP、CPTPP 的比较研究 [J]．开放导报，2023（4）：73-86.

　　[7] 李琼，吴小雨，成春林．基于合成控制法的自由贸易试验区政策对金融开放的影响研究：以上海自贸区为例 [J]．金融理论与实践，2021（10）：34-44.

　　[8] 龙飞扬，殷凤．从"先行先试"到"他山之石"：中国金融负面清单的发展逻辑和国际对标差异 [J]．上海对外经贸大学学报，2019，26（6）：25-35.

　　[9] 马兰．中国金融业深化对外开放的负面清单机制研究——基于 CPTPP 和 GATS 的比较分析 [J]．金融监管研究，2019（9）：99-114.

　　[10] 孙晓涛．新加坡 CPTPP 金融服务负面清单及对我国的启示 [J]．国际贸易，2022（6）：81-88.

　　[11] 王方宏，李振．我国金融服务开放负面清单的实践与海南探索 [J]．南海学刊，2022，8（4）：11-20.

　　[12] 王方宏，钱智烽．我国自贸试验区金融创新回顾与展望 [J]．海南金融，2023（11）：3-12.

　　[13] 王方宏．海南自贸港金融开放研究 [M]．北京：中国金融出版社，2022.

　　[14] 王方宏．自由贸易港金融安排的国际比较和海南探索 [J]．国际金融，2022（4）：70-78.

　　[15] 王利明．负面清单管理模式与私法自治 [J]．中国法学，2014（5）：26-40.

　　[16] 肖本华．以负面清单管理模式促金融对外开放 [N/OL]．上海证券报，2017-07-05 [2024-11-16]．https：//www.163.com/morey/artite/CCIO-BO9SOO2580S6.html.

　　[17] 闫寒．金融服务业负面清单的国际经验借鉴 [J]．经济体制改革，2020（6）：172-177.

　　[18] 杨宏旭．跨境服务贸易负面清单管理制度在我国实施的现状与完善

对策［J］．特区经济，2019（11）：68-72.

［19］杨嫚，赵晓雷．TPP、KORUS 和 BIT 的金融负面清单比较研究及对中国（上海）自由贸易试验区的启示［J］．国际经贸探索，2017，33（4）：69-81.

［20］易颖．短期跨境资本流动对我国金融稳定的影响研究［D］．武汉：华中师范大学，2020.

［21］尹开拓，解紫彤，谭小芬．中国金融业开放新趋势及政策选择［J］．国际贸易，2020（7）：80-88.

［22］张方波．CPTPP 金融服务条款文本与中国金融开放策略［J］．亚太经济，2020（5）：35-42+150.

［23］张明，孔大鹏，潘松李江．中国金融开放的维度、次序与风险防范［J］．新金融，2021（4）：4-10.

［24］朱隽．新形势下国际贸易规则的重塑［M］．北京：中国金融出版社，2020：190.

第七章

［1］商务部国际贸易经济合作研究院．《全面与进步跨太平洋伙伴关系协定》（CPTPP）中英对照文本［EB/OL］．（2021-01-14）［2024-09-30］．https：//www. caitec. org. cn/n5/sy_gzdt_xshd/json/5143. html.

［2］陈卫东．全面评估中国金融业开放："引进来"和"走出去"［J］．新视野，2019（1）：56-62.

［3］海南省地方金融监督管理局课题组．CPTPP 金融规则与海南自由贸易港金融业开放创新［J］．南海学刊，2022（3）：37-42.

［4］贺小勇，黄琳琳．TPP 对服务贸易规则的重构及中国对策研究［M］．北京：北京大学出版社，2021：115.

［5］陆磊．面向新时代的金融体系构建与金融开放［J］．清华金融评论，2018（6）：61-63.

［6］马兰．中国金融业深化对外开放的负面清单机制研究——基于 CPTPP 和 GATS 的比较分析［J］．金融监管研究，2019（9）：99-114.

［7］全毅．CPTPP 与 RCEP 协定框架及其规则比较［J］．福建论坛（人文社会科学版），2022（5）：53-65.

［8］石静霞，杨幸幸．TPP 金融服务规则评析［J］．社会科学家，2017（11）：113-120.

［9］王方宏，李振．我国金融服务开放负面清单的实践和海南探索［J］．南海学刊，2022（7）：11-20．

［10］王方宏．构建适应金融高水平开放的规则［J］．国际金融，2021（2）：27-29．

［11］吴晓求．金融开放对中国意味着什么？［EB/OL］．（2022-07-28）［2024-09-30］．https：//mp. weixin. qq. com/s/Kqy7MN3h3rOdu1Ny1v1KRw．

［12］习近平．在庆祝海南建省办经济特区30周年大会上的讲话［EB/OL］．（2018-04-13）［2024-09-30］．http：//www. xinhuanet. com/politics/2018-04/13/c_1122680495. htm．

［13］中国政府网．习近平在第四届中国国际进口博览会开幕式上的主旨演讲［EB/OL］．（2021-11-04）［2024-09-30］．https：//www. gov. cn/xin-wen/2021-11/04/content_5648892. htm．

［14］中国政府网．习近平在海南考察：解放思想开拓创新团结奋斗攻坚克难加快建设具有世界影响力的中国特色自由贸易港［EB/OL］．（2022-04-13）［2024-09-30］．http：//www. gov. cn/xinwen/2022-04/13/content_5685109. htm．

［15］徐奇渊，等．中国金融开放：感知政策的温度［M］．北京：中国社会科学出版社，2021．

［16］杨嫒，赵晓雷．TPP、KORUS和BIT的金融负面清单比较研究及对中国（上海）自由贸易试验区的启示［J］．国际经贸探索，2017（4）：69-81．

［17］张方波．CPTPP金融服务条款文本与中国金融开放策略［J］．亚太经济，2020（5）：35-42．

［18］张方波．RCEP金融服务规则文本探析与中国金融开放［J］．亚太经济，2021（5）：118-126．

［19］朱隽．金融服务规则——CPTPP规则解读系列报告之四［EB/OL］．（2021-09-30）［2024-09-30］．https：//www. sohu. com/a/493098952_463913．

［20］朱隽．新形势下国际贸易规则的重塑［M］．北京：中国金融出版社，2020．

［21］国家发展改革委地区司．推进海南自由贸易港建设工作专班第三次全体会议召开［EB/OL］．（2021-12-03）［2024-11-26］．https：//www. ndrc. gov. cn/fzggw/jgsj/dqs/sjdt/202112/t20211203_1306849. html．